EL FIN DE TUS

PROBLEMAS ESTA

EN TU MENTE

CON UNA DOSIS DE AMOR PROPIO

De

Frank Santos

Dedicado a mi compañera de viaje desde hace más de 23 años, Paola, a pesar de mis fallos ella siempre incondicional. A mis hijos Santiago y Francisco que son la luz de mis ojos. Agradezco a las personas que se han cruzado en mi camino en todos estos años y que de una u otra manera me han acompañado, motivado y enseñado, a todos los compañeros y compañeras que me han aguantado mientras escribía el libro. A mi abuela que siempre estuvo conmigo hasta el final de sus días.

A mis padres por haberme dado la vida y la libertad e independencia de ser la persona que soy hoy en día.

También agradezco y dedico el libro a todas aquellas personas que la luchan a diario, que se levantan todos los días con el fin de ponerle el pecho a las balas y salen a la vida y la enfrentan.

Gracias a todos. Espero logre llegar y ayudarlos a cada uno con mis experiencias y aprendizajes.

Contenido

INTRODUCCION

Seguramente el destino, la curiosidad o quizás la necesidad de cambiar algo en ti te acercaron hasta aquí, las primeras páginas de este libro. Me encantaría que me sigas en el recorrido del mismo, que puedas interactuar conmigo de manera imaginaria y que juntos vayamos transformando nuestro universo buscando la felicidad interior, deseo que te quedes en él hasta el final.

A lo largo del libro iremos conociendo una parte importante de nuestro cuerpo como lo es la mente con el fin de lograr ponerla a nuestro favor. Trabajaremos juntos para que reconozcas e intentes sanar todo aquello que te hace daño, que bloquea tu mente, que paraliza tu corazón. Todo aquello que te sabotea por alguna razón y te impide ser feliz.

Muchos escritores me han inspirado al hablar del amor propio, de la mente, las emociones, la ansiedad, los pensamientos, distintas clases de temas de autoayuda y sabes qué? , he llegado a la conclusión que todo eso conduce a una sola persona y un solo universo, el tuyo, el mío.

Pero, ¿Qué es lo que nos impide poder disfrutar del presente?, ¿Qué cosas nos apasionan o nos motivan?, ¿Qué situaciones nos dejan inmóvil, nos paralizan y no nos permiten avanzar?, ¿Por qué tanta ansiedad, que nos lleva a ella?

¿Por qué nos castigamos tanto a nosotros mismos?,¿Por qué nos sentimos vacíos?, ¿Por qué no podemos amar?¿Por qué vivimos tan rápido sin darnos tiempo a disfrutar?¿Por qué todo es un problema para la mente? Todos estos interrogantes podremos ir respondiendo a medida que vayamos avanzando página tras página.

No es la idea del libro ser una enciclopedia con muchas definiciones, ni un manual de procedimientos, tampoco que te aburras a mitad de camino. Pero sí que lo leas, te identifiques en algunos ejemplos y puedas realizar los cambios que te parezcan de tu agrado y que realmente necesites.

En la mayoría de los casos son creencias, vivencias, rutinas y apreciaciones personales, experiencias propias y de allegados. Lejos esta en mí confrontar con teorías científicas o de profesionales de la salud que no coincidan con lo que escribo.

Hubo un libro que he leído hace un poco más de un año que fue la llama que encendió mi mente y mi corazón para haber logrado escribir estás páginas, "Inquebrantable" Daniel Habif, 2019. En ese momento de mi vida como en tantos otros me encontraba cuestionando todo lo que sucedía conmigo, con muchos malos pensamientos , me sentía asfixiado, bloqueado, sin un rumbo fijo y con la creencia de que todo lo malo que pasaba me sucedía a mi, como te debe pasar por diferentes motivos en algún momento de tú vida.

Al leer el libro de Daniel algo se detonó en mi interior que hizo que me replanteará millones de cosas y empiece a reconocer cada una de mis fallas internas, ¿qué motivaba mi accionar?, ¿por qué razón intentaba sacar agua de un pozo que por lo visto ya no tenía agua?.

Fue allí entonces que cada problema, cada dolor, cada tristeza, cada vacío, cada sufrimiento lo empecé a conocer y a transformar en oportunidades para ir mejorando y cambiando mí enfoque.

Hoy deseo trasmitirte todo lo aprendido y que me ha ayudado a mí a ir avanzando.

La idea del libro es que conozcamos sobre cómo funciona nuestra mente, ¿qué son los pensamientos?, ¿cuáles son nuestras emociones?, ¿qué tipo de apegos tenemos?, conocer sobre nuestros miedos e inseguridades, ¿qué es la ansiedad? y como tratar de controlarla, y por último ¿qué es el amor propio? y porque es importante.

Trataré de que en cada historia personal mía se sientan reflejados e identificados, que sean parte de como se ha ido transformando mi mundo para que día a día intenten y logren ir modificando el suyo.

Que tengan las herramientas necesarias para replantearnos la vida que venimos llevando hasta ahora, que logremos ser críticos de nosotros mismos, que intentemos reconocer los problemas que nos aquejan y logremos enfrentarlos.

Hasta acá he llegado, hoy decido ser feliz, debe ser la premisa que nos impulse al cambio. La idea es que vuelvas al libro las veces que lo necesites para lograrlo y sepas que no estás solo o sola en esta lucha.

A nadie le gusta la idea de convivir con millones de pensamientos y emociones negativas, pero igual nos empeñamos en pensar negativamente y sentir esas emociones que no hacen otra cosa que oscurecer nuestro universo.

Cuantas veces nos preguntamos ¿por qué nos suceden las cosas que nos suceden?, ¿por qué no le intereso a una persona?, ¿por qué mi amor no es correspondido?, ¿por qué no soy aceptado?, ¿por qué he perdido un familiar querido si no estaba preparado aún?,¿por qué no tengo esto o no tengo aquello?.

También en otras oportunidades pensamos si tuviera tal cosa sería más feliz, sin darnos cuenta que cuando logramos lo que deseamos no estamos satisfechos y volvemos a la rueda de consumo deseando otras cosas nuevamente, sin disfrutar nada del presente, porque lo que realmente necesitamos no es material, sino que está en nuestro interior.

A lo largo del libro iremos ahondando en los diferentes temas que nos pasan por la cabeza a diario y juntos trabajaremos para que tengas otra mirada de tu realidad, para que te enfoques en tu interior y empieces a amarte.

Todo comienza en nuestro interior, en nuestros pensamientos, sanar, perdonar y lograr amarse a uno primero es el punto de partida para lograr responder todas las preguntas que día a día nos aquejan, desbloquear nuestros caminos y comenzar a vivir una vida de plenitud y agradecimiento.

Pretendo con estas palabras entrar en tu corazón y tu alma, quedarme allí, guiarte a diario para que vuelvas a ser esa persona fuerte, y que logres quererte tal cual eres, que agradezcas a diario lo que tienes, que te valores, que sientas aprecio por lo que haces y lo celebres, que trates de buscar en ti lo que llena tu alma de gozó.

"Amarse a sí mismo es el comienzo de una aventura que dura toda la vida"
Oscar Wilde

Comenzando el recorrido...caminenos juntos

Capitulo 1

La Mente Humana

"Tienes poder sobre tu mente, no sobre eventos externos, date cuenta de esto y encontrarás fortaleza"
Marco Aurelio

Para comenzar a transitar este camino hacia una vida más plena y feliz, primero debemos conocer de donde provienen nuestros problemas y como reaccionamos ante ellos.

La mayoría de las cosas que nos pasan las creamos nosotros mismos, a través de creencias, experiencias, repeticiones, pensamientos y emociones llevadas a la acción. En muchas ocasiones pensamos y creamos eventos y problemas en la cabeza que si nos serenamos y analizamos cada uno, la mayoría de ellos nunca ocurren. Pasamos por la vida generándonos temor, estrés, preocupaciones, ansiedad, inseguridades de cosas que ni siquiera pasan.

Obviamente no hay soluciones mágicas, pero la idea de tener más conocimiento sobre que nos lleva a actuar de una o otra manera, nos ayudará a poder anticiparnos a ciertas reacciones o eventos, o una vez ocurridos actuar de la mejor manera posible para nuestro beneficio.

Comenzaremos hablando de la mente humana, ¿qué es?, ¿dónde se aloja?, ¿cuáles son sus funciones?. Tratare de no aburrirte demasiado con los conceptos, lo haremos de una manera práctica y lógica dando el puntapié inicial para luego entender cómo podremos manejarla a nuestro favor.

Podríamos establecer una definición de la mente como aquel conjunto de capacidades cognitivas que nos ayuda a tener una percepción, pensamientos propios, conciencia, memoria, imaginación, junto con otras muchas más facultades permitiéndonos procesar la información de nuestro alrededor.

Tratando de entender esta definición e imaginando una computadora podríamos decir que la mente vendría a ser el sistema operativo de nuestra computadora, la parte intangible, eso que no podemos ver pero que nos ayuda en todos los procesos diarios, capaz de recopilar, almacenar y procesar la información.

Por lo tanto como todo sistema operativo requiere de una actualización constante como sucede con tu celular. La mente es el sistema de comunicación y control entre el ser espiritual (la persona misma) y el entorno en donde se encuentra dicho ser.

Ahora ya sabemos que es la mente, pero ¿dónde se encuentra?, la mente se sitúa en el cerebro, porción más grande del encéfalo formado por dos hemisferios. El hemisferio izquierdo está más enfocado en la parte del razonamiento y el hemisferio derecho se dedica a la parte emocional de nuestro cuerpo.

En el hemisferio izquierdo tenemos la razón, el lenguaje hablado, el lenguaje escrito, las distintas habilidades científicas, habilidades numéricas y el control de la mano derecha. Y en el hemisferio derecho tenemos la intuición, la imaginación, el sentido artístico, el sentido musical, el control de la mano izquierda y la percepción tridimensional.

Cada parte de nuestro cerebro es muy importante y define nuestro accionar diario. El cerebro es el encargado de controlar los movimientos de nuestro cuerpo, el habla, las emociones, la inteligencia, la memoria y también procesa la información que proviene de los sentidos.

Obviamente las definiciones son mucho más específicas pero no es la idea del libro meternos más allá de los conocimientos prácticos.

Continuamos imaginando que en nuestro cuerpo tenemos una computadora entonces el cerebro es el hardware, la parte dura, lo que podemos tocar y ver, serían todas las conexiones eléctricas, placas, cableado, almacenamiento, memoria del procesador que necesita para funcionar como tal un ser humano.

Tanto el cerebro como la mente no pueden funcionar por separado, están unidos y son parte de la misma computadora. Son el hardware y el software unidos.

Nuestro cerebro contiene aproximadamente 100 mil millones de células nerviosas (neuronas), que forman parte del sistema nervioso central. Estás células trasmiten y reciben las señales electroquímicas, al igual que un circuito de la placa de la computadora dichas células lo hacen en el cerebro haciendo circular por ellas tus pensamientos, emociones, acciones y demás funciones automáticas del cuerpo.

Sé que esta parte parece un poco monótona y aburrida y que tú ya quieres ir a la acción, quieres saber porque haces lo que haces y como solucionar tus problemas, pero es importante que aprendas algunos conceptos para que luego puedas dominarlos a tu favor. Espera un poquito más que ya vamos a ir más adentro de tu mente, no seas impaciente. Acortar camino no siempre te lleva a destino, llegar antes no te asegura resultados.

Cuando más vamos avanzando sobre nuestro cuerpo, él mismo se vuelve un árbol con miles de ramificaciones, obviamente no nos pondremos a estudiar ninguna, solo entender cómo funcionan y saber que son muy importantes en nuestro accionar.

Los pensamientos transmitidos y recibidos por las neuronas son generados por nuestra mente, es decir nuestro software genera cada pensamiento que tenemos. Estos pensamientos son generados de manera consciente o de manera inconsciente.

Nuestro software, es decir la mente genera pensamientos de manera consciente, pero solo en un 10 % de su sistema operativo. Esta mente consciente también trabaja en los procesos de reunir información, evaluar y procesar esa información, comparar, tomar decisiones, instruir, dar órdenes, nos permite actuar de manera racional, controla la memoria a corto plazo.

Aquí es donde aparece la función del hemisferio izquierdo de nuestro cerebro, la razón.

En la mente consciente desarrollamos la inteligencia y absorbemos toda clase de conocimientos, es la mente que nos hace actuar de una manera lógica y racional. Esta parte de la mente es la que usamos para saber cómo hacemos lo que hacemos prestando atención a cada detalle para tomar las decisiones.

Supongamos por ejemplo que queremos cruzar la calle y hay mucho tráfico, es ahí donde nuestra mente consciente nos indica el momento correcto de hacerlo.

Ahora bien cuanto más trabajemos algo en la mente consciente se vuelve un hábito repetitivo y de manera automática, pasa a la mente subconsciente, pero de esto hablaremos más adelante.

El 90 % restante de nuestra mente, nuestro sistema operativo, está formado por la mente inconsciente y mente subconsciente.

La primera de ellas es la mente más primitiva de todas, encargada de gestionar de manera automática la respiración, digestión, las funciones del corazón, sin que tengamos que hacer nada, actúa de manera independiente. Está mente es la que te hace cerrar los ojos cuando detecta algún peligro acercándose a tu rostro. La mente inconsciente como su nombre lo dice es la que hace todas las acciones sin que nosotros tengamos alguna injerencia, es la que nos hace sentir dolor, placer, es la mente reactiva. Está mente es la responsable de mantenernos centrados en nuestra famosa zona de confort, actúa siempre en consecuencia volviéndonos a la seguridad. Es la mente más compleja de dominar.

La mente subconsciente es la que termina de formar el software es la parte emocional, es la que se guía por los gustos y deseos. Es la mente que actúa ante cualquier cambio que se produzca en nuestras vidas.

Por ejemplo cuando cambiamos de lugar algún mueble demoramos varios días en acostumbrarnos a su nueva ubicación ya que nuestra mente subconsciente la rechazará. Prueben en casa cambiar por ejemplo el lugar del cesto de basura, van a poder observar que cada vez que quieran tirar algún residuo van a acudir al sitio donde estaba originalmente y de seguro cuando recuerden que lo han cambiado van a reaccionar de una manera negativa. Esto sucede porque la mente subconsciente crea conexiones neuronales y las fortalece volviéndolas hábitos, nuestra mente consciente no debía pensar en el lugar donde estaba el mueble con anterioridad ya lo hacía la mente subconsciente.

El ejemplo más común es aprender a conducir un automóvil. A lo primero nos cuesta, nos sentimos que no podemos, que no sabemos, creemos que no vamos a lograrlo, nos da miedo. Con el paso del tiempo se vuelve algo repetitivo y rutinario por lo que se almacena en nuestra mente subconsciente y de manera automática nos subimos al vehículo y conducimos.

Sucede lo mismo cuando estamos mucho con algunas personas, nuestra mente subconsciente fortalece esas conexiones neuronales hacia ellas, luego de un tiempo es que aparecen las emociones hacia dichas personas.

Esta mente es la que deberás recordar en todas las páginas del libro y la que trabajaremos juntos para ir modificando con el fin de lograr llevar una vida más plena.

Por ejemplo la mente subconsciente es la culpable de que gastes tu dinero en cosas que no necesitas haciéndote actuar de manera irracional en muchas oportunidades. Existen neurotransmisores en nuestro cerebro que nos van haciendo actuar de algunas maneras, uno de ellos es la dopamina que estimula el comportamiento impulsivo. Cuando se activa la dopamina, nuestra mente tiene la idea de que con tal o cual acción ganara algo, puede ser bienestar, estatus social, placer, dinero, etc.

Comportarte de esta manera impulsiva hace que rápidamente quieras la recompensa y accedas al gasto, que cuando terminas razonando lo que has hecho ya es tarde y allí aparece la culpa y por supuesto las deudas.

Obviamente no todas las personas son iguales, ni todas actúan por impulso. Pero lo que si estoy seguro es que la mayoría de las empresas, más que nada las que se encuentran en internet lo saben y lo usan a su favor para que nosotros consumamos su producto.

La mente subconsciente también es la culpable de tus celos, de tu ira, tu amor, tu tristeza. Esta mente nunca olvida cada suceso que te ha ocurrido y que ha sido impregnado por algún sentimiento, todo se queda guardado en ella, y es utilizado para tu accionar ante situaciones similares.

"La mente intuitiva es un regalo sagrado, y la mente racional es un fiel sirviente. Hemos creado una sociedad que honra al sirviente y ha olvidado el regalo"

Albert Einstein

Todo suceso que ha pasado por tu vida se aloja en esta mente, si algún día quisieras recordar algo no lo encontrarías en la mente consciente. Trabajaremos mucho con la mente subconsciente ya que en ella se almacena todo lo que hoy nos bloquea o no nos permite actuar de la manera que deseamos.

Supongamos que nos encontramos con compañeros de la secundaria y nos ponemos a hablar de cosas que hemos pasado, es aquí donde surge la mente subconsciente trayendo al presente dichos recuerdos y vivencias. Esta mente nos permite reconocer olores, sentimientos de lugares y personas que han quedado guardados.

Cuantas veces nos pasa que cruzamos a alguna persona en la calle y nos saluda pero no recordamos quien es, luego de un tiempo de pensar nos damos cuenta y recordamos.

Existen muchas técnicas que nos permiten acceder a nuestra mente subconsciente, hoy en día son usadas mucho en publicidad y marketing para poder vender ciertos productos. Es decir si terceros pueden acceder a esta parte de nuestra mente e influir en ella, porque nosotros no podríamos hacer lo mismo e intentar cambiar ciertas cuestiones que nos sabotean el día a día.

A medida que vamos aprendiendo sobre la mente subconsciente podremos observar que es la más poderosa de todas aunque pareciera que es inaccesible, pero con las herramientas adecuadas podremos acceder a ella y ponerla a nuestro favor.

¿Y porque razón quisiéramos acceder a esta parte de nuestra mente y aprender cómo funciona?. Pues por una sencilla razón, si conocemos como funciona nuestra mente es que vamos a poder tomar las riendas de nuestro destino, vamos a poder tener el poder de dominar tanto la mente consciente como la mente subconsciente y pensar de una manera mucho más saludable y que nos lleve a la consecución de nuestros objetivos.

En una época trabajaba en una empresa dedicada a la fabricación de colchones. Después de un tiempo allí comencé a tener problemas con un Gerente de Planta.

Cada cosa que esta persona me decía me volvía irascible, me irritaba y por supuesto que con mi temperamento no me quedaba callado y empeoraba las cosas. En ocasiones llegaba al punto tal que me irritaba tanto que cuando estaba en casa en mi soledad era un mar de pensamientos negativos. Pero mi orgullo y mi soberbia no daban el brazo a torcer, no lograba manejar dicha situación y cada vez era peor él asunto. De ese trabajo me fui de común acuerdo, pero la realidad es que me fui por mi mala predisposición hacia esa persona y al empleo. Todos los malos pensamientos, emociones y reacciones se alojaron en mi subconsciente de manera de negativa.

Con el tiempo trabaje en varios sitios logrando superar dicha situación sin inconvenientes. En el trabajo actual un día contrataron un Gerente de Administración con la misma personalidad y forma de plantear los problemas que la persona del trabajo mencionado anteriormente. Automáticamente mi forma de reaccionar ante los planteos de esta persona fue la misma, mi mente y mi cuerpo actuaban de la misma manera. Era como que había desaparecido la persona que estaba en mí todos los días y en su lugar estaba el muchacho orgulloso y soberbio del pasado. Me había vuelto nuevamente irascible, temeroso, nervioso. Nuevamente el ciclo se repetía con una persona diferente. Las malas contestaciones para con él eran constantes, no existía

química alguna y mi cuerpo cada vez que me hablaba se tensaba de tal forma que hasta tenía dolores de estómago y me generaba un estrés enorme convivir con él en el trabajo. No podía creer que nuevamente me estaba pasando esa situación en otro empleo, nuevamente tenía ganas de abandonar el mismo.

Comencé a investigar un poco porque reaccionaba de ésta forma, porque una persona distinta a la otra me causaba lo mismo.

Luego de leer y leer sobre situaciones similares he llegado a la conclusión que mi mente me hacía reaccionar de esa forma. Todo lo que yo había incorporado en ella pensamientos, emociones, acciones sobre la persona del primer trabajo, habían quedado guardadas en mi archivo mental. Entonces cuando me ocurrió nuevamente una situación similar, con una persona similar, mi mente busco en su base de datos y me hizo actuar de la misma manera que había aprendido a actuar.

Los patrones no cambian, ante situaciones parecidas la mente se comportará de la misma manera y tú actuarás en consecuencia de manera similar. Si no cambiamos lo que ponemos en nuestros archivos ellos serán los dueños de nuestra vida. El único responsable de la situación primera y de lo ocurrido en el trabajo actual era yo. Mi mente causaba todos mis problemas. Por estas razones es que nos acostumbramos a repetir situaciones de todo tipo, si no actualizamos el software seremos los mismos siempre y reaccionaremos igual.

En otro ejemplo una persona que tiene muchas deudas decide cancelarlas a todas. Luego de un tiempo puedo asegurar que volverá a tener las mismas o más deudas. Ya que su mente se acostumbró a actuar de una manera con las finanzas y si no realiza rutinas nuevas y cambios en su mente repetirá patrones, y reiniciará el ciclo.

En el caso de mi trabajo me he dado cuenta que la gente no nos hace cosas, la gente hace cosas y nosotros decidimos si nos afectan o no. Somos nosotros los que decidimos si le prestamos importancia o no, somos nosotros quienes decidimos si ponemos el foco de atención en algo o no.

Finalizando ya este capítulo con mucho más conocimiento sobre nuestra mente, vamos a seguir avanzando y mostrando como operamos a diario dicho software. Trabajaremos con los pensamientos, las emociones, la ansiedad, los apegos, y por sobre toda las cosas trabajaremos en nuestro amor propio.

Como dijo Albert Einstein nuestra mente es como un paracaídas pero solo funcionará si se abre. La idea de que me sigas acompañando hasta el final es que abramos juntos esa mente y logremos trabajar duro en ella. Que está experiencia no quede en un libro más de autoayuda olvidado sino que te sirva hasta el último día de tu vida.

"La mente es el activo más poderoso que tenemos los seres humanos, por ende invierte en tu mente y estarás haciendo el negocio más importante de tu vida..."
Robert Kiyosaki

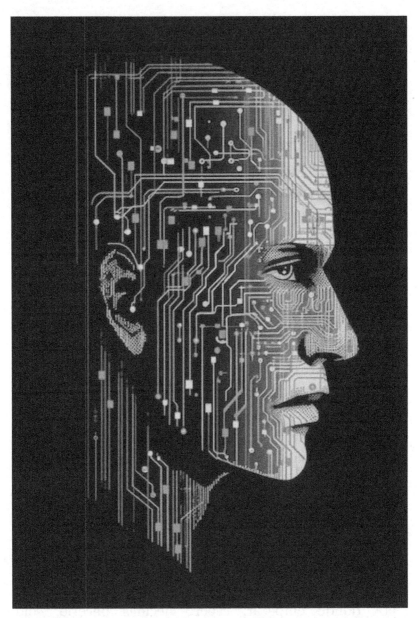

Los circuitos de tu mente que dominan tus acciones...

Capitulo 2

Los Pensamientos

"Si tu mente está tranquila y ocupada
con pensamientos positivos, es difícil
que tu cuerpo se enferme"
Dalai Lama

A partir de aquí y los capítulos que siguen trataremos juntos de entender porque nos comportamos de la manera que lo hacemos, cada reacción, cada respuesta, cada dolor, cada problema tienen causas que vamos a explicar para que podamos anticiparlas.

Cambiar la manera en que nos comportamos y pensamos no es una tarea fácil, dependerá de cuanto deseamos hacerlo y que circunstancias nos llevaron a decidir cambiar. Tendremos que aplicar una disciplina rigurosa, nadie cambia de la noche a la mañana, no voy a mentirte, por leer el libro no vamos a cambiar automáticamente, no son recetas milagrosas o pócimas mágicas, tendremos que ponernos a trabajar sobre nosotros.

Ahora bien teniendo algunas herramientas, sabiendo por dónde empezar, espero decidas hacerlo, solo tenemos una vida y nosotros decidimos como vivirla.

Vivimos muy rápido y de manera estructurada, ahogados en la rutina y sin disfrutar nada, nos auto-castigamos, afirmamos que ya somos así justificándonos para no cambiar. Pero estamos a tiempo, siempre hay tiempo mientras estemos vivos, tratemos decidir cambiar para mejorar.

Hemos dicho que nuestro cerebro es la parte dura de la computadora y la mente es la parte blanda, el software propiamente dicho. Es decir que el sistema operativo de nuestra computadora está operando las 24 horas del día, y somos nosotros mismos los que vamos llenando la base de datos con la información y sucesos diariamente. Cada acontecimiento, decisión, emoción, pensamiento se va almacenando en ella.

Es por esto que es muy importante lo que vivamos a diario o la forma que decidamos hacerlo puesto que todo va a parar a nuestra base de datos.

Por nuestro software a diario pasan entre 6200 y 70000 pensamientos, entre recuerdos y divagaciones llenamos nuestra mente con información valiosa e información basura. De esos pensamientos 80% son negativos en la mayoría de los casos, es decir que diariamente llenamos nuestro software con agentes maliciosos que le llamaremos virus. Estos virus actúan sobre nuestra manera de ser, de actuar y de comportarnos.

Pero entonces ¿qué son los pensamientos?, si buscamos una definición a su significado nos dice que los pensamientos se refieren a procesos cognitivos conscientes que pueden ocurrir independientemente de la estimulación sensorial.

Es decir entonces que los pensamientos son procesos de nuestra mente que pueden ser elaborados por nosotros mismos de una manera consciente y razonada. En estos procesos desarrollamos ideas sobre el entorno, sobre las demás personas y sobre nosotros. Formamos ideas, creencias, recuerdos y los relacionamos entre sí formando los pensamientos.

A través de un proceso racional el ser humano elabora los pensamientos de manera voluntaria o a través de la interacción de un agente externo haciéndolo de manera involuntaria.

Entonces todo lo que traemos a nuestra realidad mediante una actividad intelectual es lo que constituye un pensamiento. El pensamiento voluntario usando la razón abarca varias operaciones como la síntesis, la comparación, el juicio, la generalización, el análisis y la abstracción. También es el pensamiento que se manifiesta en nuestro lenguaje, determinándolo.

Los pensamientos no son solo actividades intelectuales, una vez que ocurren, estos siempre van acompañados de otros procesos de nuestra mente que están relacionados con las emociones, estos procesos son generados, controlados y regulados por lo que se conoce como sistema límbico que se encuentra en nuestro cerebro. No es necesario que anotes conceptos sino entender cómo funciona nuestra mente.

Con esta explicación podemos observar que los pensamientos no actúan de manera solitaria, siempre son impregnados por la emocionalidad, están íntimamente relacionados con los sentimientos y las emociones.

Más adelante veremos cómo podremos controlarlos para poner las emociones a nuestro favor.

Teniendo entonces una idea de lo que son los pensamientos podemos observar que son muy complejos y en muchas ocasiones resultan difíciles de entender.

Estamos todo el día pensando en algo como por ejemplo, el trabajo, el dinero, los amigos, la familia, el amor, las deudas, en miles de cosas a la vez, pero cuánto tiempo dedicamos a pensar en nosotros mismos, en nuestros gustos, preferencias, metas, deseos. Tenemos que ir cambiando la manera en que nos hablamos y pensamos, recordar siempre que atraemos lo que pensamos. No con esto quiero decir que somos lo que pensamos, pero cuando hacemos lo que pensamos nos termina definiendo lo que somos.

Hay que saber elegir los pensamientos cada día, tal como elegimos la ropa que nos ponemos, hay que trabajar la mente para ponerla a nuestro favor.

A mí me gusta mucho el fútbol, deporte que he practicado y lo sigo haciendo. Hubo una época en que lo hacía 3 o 4 veces a la semana, y en él podía descargar todas las tensiones de la rutina diaria.

En 2019 tuve la mala fortuna de que se me rompiera la rodilla derecha nada serio, solo meniscos y ligamentos internos y me tuvieron que operar.

Luego de la operación durante la rehabilitación me empecé a decir a mi mismo que no volvería a jugar, que cuando corría me dolía, que no lograba caminar con normalidad.

Eran tantos los pensamientos hacía la situación que no volví a jugar hasta el 2022, es más me han operado 2 veces más la misma pierna por los pensamientos que tenía respecto al dolor. Hoy al haber cambiado esos pensamientos, al haber transformado mi mente y comprender que yo controlo mi cuerpo, no solo que he vuelto a jugar al futbol, sino que lo hago 2 veces a la semana.

Por supuesto no es el mismo rendimiento que antes pero yo puedo y a pesar de todo decido hacerlo, porque todo está en la manera que pienso de mi mismo.

Existen varios tipos de pensamientos pasando por nuestra mente. Algunos autores los agrupan en 8, 9 o tal vez menos, otros en más, pero cada pensamiento está relacionado íntimamente con la forma en que actuamos.

Dentro de los diversos tipos tenemos los deductivos, los inductivos, los analíticos, los creativos, los pensamientos divergentes, suaves, críticos, convergentes, interrogativos, etc..

Para el fin de nuestra transformación no nos interesa saber mucho sobre cada uno, si intentar agruparlos en negativos, neutros y positivos.

Como podemos ver para cada situación que nos sucede a diario pensamos de una manera diferente, ese pensamiento se interrelaciona con una emoción o un sentimiento y lo volvemos una creencia, esa creencia llevada a la acción se vuelve resultados sean buenos o malos.

Podríamos dedicar un libro entero, de hecho los hay que hablan solo de los pensamientos, que se dedican a explicar cada uno de ellos, pero no es la idea ahondar en la teoría de los mismos, si entender que manejan cada parte de nuestro día.

En cada segundo tenemos 6 o 7 pensamientos así que imaginemos lo que es nuestra mente en un día normal. Por supuesto que si el 80 % son negativos hacía todo lo que sucede, se complica cargar con tanta cantidad gigantesca de pensamientos.

Lo que nos interesa realmente es tratar de transformar los pensamientos que no nos permiten vivir de una manera saludable, esos que nos desgastan, nos dan tristeza, angustia, que calan tan profundo en nuestro ser que terminan bloqueándonos. Esos pensamientos que llegan para complicar nuestro mundo, que hacen escollos en nuestra alma y no nos permiten ser lo que deseamos. Ese porcentaje de pensamientos negativos que nos estresa hasta el punto de volvernos débiles y por momentos con frustración y resignación.

La idea es poder conseguir inclinar la balanza a nuestro favor con aquellos pensamientos que nos enaltecen y nos vuelven más poderosos y que hacen que logremos todo lo que nos propongamos. Aumentar día tras día el porcentaje de pensamientos positivos, con el tiempo dará sus frutos.

Cuantas oportunidades se nos han perdido, cuantos amores, cuantos trabajos, cuantas cosas hemos dejado pasar por pensar de la manera que lo hacemos o por repensar todo una y otra vez. La manera en que llenamos nuestra base de datos es lo que termina definiendo nuestra existencia, tenemos que aprender a manejar el software a la perfección e ir almacenando solo lo que nos haga feliz, realizando actualizaciones constantemente.

Hay una frase de Henry Ford que dice "*tanto si crees que puedes como si crees que no puedes estás en lo cierto*", pues lo mismo ocurre con los pensamientos.

Tanto si piensas que puedes como si piensas que no, estarás en el camino cierto. La única diferencia radica en que una manera de pensar te ayudará a lograr tus objetivos y la otra manera no hará más que sabotearte en tus resultados.

En una oportunidad allá por 2008 había salido a la venta un auto, el Ford Focus II y la verdad me encantaba, pensaba entre mí como me gustaría tenerlo. Hasta me compre una versión a escala del auto y la miraba con admiración, me daba tal satisfacción y placer ver esa imagen y me decía a mi mismo algún día lo voy a conseguir, trabajaré tanto que me lo voy a comprar.

Luego paso el tiempo y me olvide, pero ese pensamiento ya había entrado en mi subconsciente de tanta repetición y emoción al ver dicho vehículo.

Entre medio pasaron miles de cosas, subidas y bajadas económicas, cambio de trabajo, pero el deseo de tener ese auto nunca se fue. En el 2015, el universo trajo a mí la oportunidad de tenerlo de la forma más insólita, no lo dude un segundo y al fin me compre el auto que tanto quería.

Como pueden ver utilicé mis pensamientos, transformándolos con emociones en una creencia, esa creencia de que yo podía conseguirlo hicieron que actúe por la consecución de un objetivo material, atraje hacia mí de diversas formas las oportunidades para obtener algo.

Claro que no fue solo por pensar, sino que durante muchos años pensaba en el cómo podía conseguirlo y de tanto buscar y pensar la oportunidad se manifestó.

De esta clase de ejemplos es cuando les hablo de la manera de pensar y como podemos manejar los pensamientos y emociones a nuestro favor.

Obviamente no siempre pensamos en cosas positivas y lamentablemente nos suceden cosas a la inversa como fue el caso de mi pierna, pero de algo estoy 100% seguro es que todo lo que nos sucede, bueno o malo es por la manera en que pensamos y hablamos con nosotros mismos.

Imaginemos por un momento que empezamos a transitar por el medio de un campo con el auto, al pasar una vez dejamos la huella de las ruedas del carro. Si seguimos pasando notaremos que formamos un camino. Con el tiempo ese camino nuevo se convertirá en una calle.

Pues así funciona con los pensamientos en nuestra mente, activan procesos neuronales dándole más y más poder, si lo repetimos con frecuencia obtendremos resultados sean positivos o negativos. Nosotros elegimos a qué lado de la balanza vamos a darle entidad.

Conozco personas que por ejemplo se esfuerzan por conseguir un objetivo. El objetivo les cuesta muchas piedras en el camino y así y todo continúan hacia adelante. Pero tienen el pensamiento si vale la pena tanto esfuerzo, ya que ven que a otras personas a su alrededor les cuesta menos esfuerzo llegar a esos objetivos y con menos estrés. Ahora bien no se sentirían más motivados si pensarán por ejemplo que a pesar del esfuerzo que les acarrea darán lo mejor de sí y conseguirán los objetivos. No se sentirían mejor si pensaran admiro a la gente que no le cuesta tanto esfuerzo llegar, a pesar de todo seguiré dando todo de mí y lograr llegar como ellos.

Toda la química que existe en nuestro cuerpo está expuesta a nuestros pensamientos, así pues si tenemos pensamientos positivos nuestro cuerpo genera dopamina o serotonina.

El primero de estos neurotransmisores nos brinda placer como por ejemplo hacer algo que nos gusta o cuando miramos TV o el celular, mientras que el segundo equilibra la balanza para no generar dopamina en exceso, a este se lo conoce como el neurotransmisor de la felicidad brindándonos mayores sensaciones de gozo, relajación, bienestar y motivación, como pasar tiempo con la familia, los hijos, vacacionar, etc.

Si en cambio los pensamientos que tenemos son negativos el cerebro genera unas hormonas llamadas adrenalina o norepinefrina. Estos neurotransmisores son conocidos como las hormonas del estrés, se generan ante situaciones que nos causan temor, miedo, inseguridad, desencadenando una serie de reacciones en el organismo. Si bien la adrenalina actúa como mecanismo de defensa ante ciertos temores causando la huida por ejemplo, en exceso afecta a cada órgano de nuestro cuerpo.

Todas las sustancias que se generan en nuestro cuerpo afectan a como nos sentimos. Podríamos decir entonces que nuestros pensamientos son los generadores de nuestra farmacia interna, el lugar donde se encuentra todo lo que necesitamos para estar sanos y felices.

Hay estudios que pueden demostrar que pacientes que se sometieron a una operación de corazón han obtenido mejores resultados en el tratamiento si visualizaban con anterioridad el éxito del mismo. Es decir antes de la operación y tratamiento el paciente comenzaba a visualizar que todo había salido bien y que ya se encontraba sano. Esto ocurre porque nuestro cerebro no distingue entre lo que es real e imaginario, para él todo es real y actúa en consecuencia.

Cuando nuestros pensamientos son conscientes es más sencillo inclinarlos a nuestro favor, el problema radica cuando la mayoría de nuestros pensamientos se dan de una manera inconsciente y por ende mucho más difícil de controlar.

En la actualidad existen muchas técnicas sicológicas que permiten acceder a la mente inconsciente, para detectar los pensamientos, bloqueos, creencias limitantes, miedos e inseguridades que tenemos en nuestra mente.

Hay técnicas que permiten acceder a los recuerdos nocivos del pasado a través de la grabación emocional, técnicas para utilizar el poder ilimitado de la mente, técnicas de respiración, etc. Lo importante no es la técnica en sí, sino tu decisión de hacerlo.

La imagen de la siguiente página representa al peso que tienen nuestros pensamientos sobre nuestro cuerpo, gobernando nuestra vida.

Esta escultura junto con otras de la muestra de arte, pertenecen a Thomas Leroy un escultor y pintor belga nacido en 1981.

Las mismas nos hacen reflexionar como y en que magnitud le damos peso a nuestras ideas y pensamientos sobre las cosas y eventos que suceden en nuestra vida.

Los pensamientos negativos nos llevan a estados inadecuados para nuestro cuerpo, vivimos en tensión constante, culpando al pasado y angustiándonos por el futuro, lo que nos genera ansiedad.

Si algún día cambiáramos la forma en que vemos las

cosas estoy seguro que las cosas que vemos van a cambiar de forma. Debemos intentar cuestionar y criticar nuestros pensamientos negativos con el fin de ponerlos en jaque, y generarles duda.

Cuando somos capaces de generar mayores pensamientos positivos nuestra química interna funciona mejor, dándole un equilibrio mucho más sano a nuestra vida. Por supuesto que no vamos a estar pensando todo el día de manera positiva, pero si ante cada pensamiento podemos hacer una pausa e intentar transformarlo.

Tú decides a que pensamientos vas a escuchar, tú decides como quieres pensar tu vida, eres tú el dueño de tu software y de tu base de datos, no lo llenes de información basura.

Cuando creemos en algo, la mente encontrará la manera de crearlo. La mente es un arma muy poderosa actuando a favor o en contra. Si la usamos en nuestra contra con pensamientos negativos, no estaremos haciendo más que matando nuestro interior.

"Recuerda que la felicidad no está en quien eres o que tienes; depende únicamente en lo que piensas"

Dale Carnegie

Tomate el tiempo que necesites en soledad para pensar en lo que llena tu alma y da paz a tu corazón....

Capitulo 3
Empezando a Actuar

"Somos lo que pensamos, todo lo que somos surge de nuestros pensamientos. Con nuestros pensamientos contruimos el mundo" Buddha.

En esta parte del recorrido nos vamos a poner a actuar sobre nuestros pensamientos. Vamos a trabajar juntos para mejorar la forma en que pensamos, te mostraré ejemplos que puedes tomar como propios para mejorar. Trataré de brindarte herramientas para que comiences a realizar la transformación de tu mente y logres pensar de una manera diferente a la de hoy.

Con estas herramientas no te vas a convertir en un famoso corredor de fórmula 1 o un reconocido futbolista o un gran filósofo, sino tienes esas capacidades, pero vas a transformar tu mente hacia la consecución de tus propios objetivos, la idea es que logres avanzar sin sabotearte tanto, pensando de manera positiva.

En las páginas precedentes les he mencionado que todo lo que piensas una y otra vez se convierte en una creencia. Tu cerebro no distingue lo real de lo imaginario solo actúa en consecuencia a lo que tú le dices y piensas.

Mi hijo más grande estaba estudiando para un examen, su preparación era muy buena, dedicaba horas al estudio. Sin embargo su mente comenzaba a cuestionarle todo, se decía a sí mismo que quizás le iba a ir mal, que las preguntas podrían ser difíciles, que tal vez no le alcanzaría el tiempo, que quizás no esté concentrado, o a lo mejor a la profesora no le gusta las respuestas. Es decir le empezó a generar a su mente información negativa durante un tiempo, por más que sabía todo, sus pensamientos ya habían generado estresarlo, paralizarlo y bloquearlo. Por más que antes del examen le decíamos que tratara de estar tranquilo, que le iría bien, en el balance de su mente las palabras negativas eran mayores a las palabras y pensamientos positivos. En conclusión no tuvo la confianza suficiente, su mente saboteo el examen y desaprobó.

Mi abuela vivía sola en su casa, a pesar de su edad se encontraba bastante bien y podía desenvolverse sola. De pronto comenzaron los problemas en su salud con su memoria y su cabeza, ella se perdía de vez en cuando, pero cuando estaba bien nos decía que si la llevaban a un hogar de ancianos ella se iba a morir, que no iba a soportarlo. Estas palabras las repetía una y otra vez en cada visita que le hacíamos, es decir que por su cabeza esta situación pasaba constantemente.

A los 84 años estaba un día en su casa y se descompuso, entre mi tío y mi madre la llevaron al médico y luego decidieron llevarla a un asilo de ancianos para que este mejor cuidada y controlada.

Cuando su mente estuvo nuevamente lúcida y se dio

cuenta donde se encontraba comenzó el retroceso hundiéndose en una profunda tristeza y depresión, sus pensamientos hicieron el resto del trabajo. Su mente empeoró mucho, sobre el final ya no se movía, no comía ni hablaba, falleció a los 3 meses de aquel episodio.

Tengo un amigo que siempre se quejaba que no le alcanzaba la plata, que no podía pagar la tarjeta, que cobraba poco, que el trabajo que tiene no le gustaba y así todo el tiempo. Cuando le preguntabas como se encontraba, en seguida empezaban los lamentos y los culpables. Sus pensamientos eran tan negativos que en ocasiones te daban ganas de salir corriendo de su lado.

Un día le dije que empiece a trabajar sus pensamientos, que deje de pensar en lo que le faltaba, que empiece a pensar en el cómo, es decir en cómo iba a resolver su situación. Sus pensamientos empezaron a cambiar y logro atraer oportunidades para salir del pozo, aún hoy sigue con algunos problemas económicos pero está trabajando en ello para solucionarlos.

Conozco gente que se la pasa el día entero pensando en el progreso y avance de los demás. Todo el tiempo están buscando justificar sus propios fracasos con afirmaciones negativas de todo tipo hacia el vecino. Se la pasan diciendo *aquel porque vive con sus padres, aquel porque tuvo suerte, aquel nunca trabajo de seguro anda en cosas ilegales, de dónde saca la plata, como hace para viajar a todos lados.* Así están todo el día pensando en cosas negativas hacia las otras personas y se olvidan de pensar de manera constructiva y positiva sobre su propio progreso.

Estás personas nunca van a salir de su zona de confort y se la van a pasar criticando el progreso de otras personas. Para esta clase de gente sus pensamientos negativos se vuelven un calvario al llegar a una edad adulta, nunca logran lo que desean y se comparan todo el tiempo con las demás personas. Esa comparación que aparece para justificar sus fracasos junto con los millones de afirmaciones negativas sabotea y bloquea su universo y en ocasiones los hunde en una depresión.

Hay personas que cuando tienen que hacer algo, piensan y dicen no puedo, no lo voy a lograr, no sirvo para esto, no se hacerlo. Entonces cada vez que tienen que hacer cualquier otra tarea su mente aplica el mecanismo de defensa y automáticamente no pueden hacer las cosas. Tanta repetición de que no son capaces causan que efectivamente que no lo sean.

Todos estos ejemplos pueden tomarlos como propios, son situaciones de la vida cotidiana, cosas que le suceden al común de la gente. En algún momento de nuestra vida todos luchamos contra nuestros pensamientos, todos entramos en esa tormenta de negatividades y nos cuesta salir de allí sin ninguna consecuencia para nuestra persona.

Hay personas que nacen con ciertas habilidades para los deportes, la ciencia, el baile, la tecnología, la administración, el teatro, las matemáticas, la literatura, etc., pero si sus pensamientos son negativos hacía ellos y sabotean su crecimiento por más capacidad que tengan nunca lograran la consecución de los objetivos. Hay deportistas que tienen una habilidad enorme, que si lograran dominar sus pensamientos quizás su destino hubiera sido otro. Personas destacadas y muy capaces que terminan sumidos en las drogas o las adicciones porque no lograron dominar sus pensamientos y emociones.

En contraposición a los ejemplos anteriores hay personas que aunque no eran aptas para ciertas tareas, sus pensamientos eran tan positivos que lograban adaptarse a los bloqueos que le surgían transformando todo a su favor.

Como hemos dicho no todos los pensamientos que vienen a nuestra mente se dan de una manera consciente, la gran mayoría provienen de la mente inconsciente, mucho tiene que ver la historia de vida, el currículum de la persona, su pasado y crianza.

Una persona que siempre vivió en carencia, si no cambia su patrón del subconsciente va a vibrar carencia, y va a actuar desde la carencia, ya que repetimos patrones si no somos capaces de romper esas cadenas que nos esclavizan. Por más que intente salir adelante económicamente sus creencias y pensamientos truncarán todo avance de distintas maneras y la persona no logrará entender porque le suceden todas esas cosas negativas que no le permiten avanzar.

Si fuimos criados en un ambiente con falta de amor, falta de apoyo, por lo general nuestros pensamientos serán los asesinos de nuestra autoestima, ya estamos acostumbrados a sentirnos así inseguros, indefensos y necesitaremos de un apoyo constante.

A continuación haremos un ejercicio con distintas maneras de reaccionar ante diferentes situaciones. Al final de todas las situaciones te pido que escribas en una hoja, alguna situación donde actuaste de manera negativa y como lo hubieras resuelto de manera positiva. La idea es que empecemos a anotar en un cuaderno todas las veces que fuimos actuando de manera negativa y vayamos anotando la corrección de ese pensamiento. Con esta herramienta podremos identificar las veces que pensamos cada situación en nuestra contra.

Situación 1:

Vas por una calle conduciendo y de repente hay un corte de tránsito que dura 1 hora, debes quedarte detenido en el lugar.

Pensamiento Positivo: entiendo que lo que sucede es externo a mí, prendo la radio y escucho música o me pongo a ver videos en el celular para esperar o a leer un libro.

Pensamiento Negativo: Empiezo a maldecir a todos, mis pensamientos son totalmente negativos hacia mí persona, ejemplo porque me pasa esto a mí y me ofendo a mí mismo, no te lo puedo creer encima que estoy apurado, o cosas así.

Situación 2:

Estas en el trabajo y tus superiores te asignan nuevas tarea y nuevas responsabilidades que tú nunca has realizado.

Pensamiento Negativo: Empiezas a pensar, bueno lo intentaré, aunque no sé, nunca lo hice, no sé cómo podría hacerlo. No me digan nada si no lo logro.

Pensamiento Positivo: Piensas, excelente aprenderé una tarea nueva y lo haré dando lo mejor de mí. Agradezco a la empresa esta nueva oportunidad de crecer.

Situación 3:

Te tuviste que endeudar con la tarjeta de crédito por motivos varios, y te llego el resumen. El dinero para pagar ese mes no te alcanza. No sabes cómo vas a pagar la deuda.

Pensamiento Negativo: que voy a hacer ahora, no me alcanza la plata, con que voy a pagar, no puedo pagar esto, no me hables mira lo que gastamos no me va alcanzar para nada este mes mi sueldo, no me pidan nada de nada. Esta empresa donde trabajo me paga poco, el gobierno no sirve, no se puede más, el dinero no alcanza para nada.

Pensamiento Positivo: Me llego el resumen de la tarjeta con los gastos del mes pasado, me he excedido tal vez, este mes quizás no me alcance para pagar todo, pero buscaré la manera de solucionar el inconveniente. Me pondré a pensar cómo puedo mejorar mis ingresos.

Como podrán ver en los ejemplos son situaciones normales que nos pueden suceder, pero lo que realmente cambia el resultado es la manera en que pensamos y por ende actuamos ante ellas.

Ahora quiero que anotemos en nuestro cuaderno algunas situaciones que vivimos a diario y cuáles son los pensamientos ante dichas situaciones.

Situación:

_____

_____

_____

_____

Pensamientos negativos ante la situación:

_____

_____

_____

_____

_____

Cambio de pensamiento a positivos:

_____

_____

_____

_____

Los pensamientos negativos son los principales culpables de nuestros problemas y sufrimientos, ocasionando en muchas oportunidades desequilibrio físico y emocional, es importante identificarlos y lograr transformarlos en pensamientos neutros y positivos con el fin de disminuir la ansiedad generada.

Hacer una pausa por un momento durante el día, serenarnos y analizar los pensamientos que estamos teniendo es una buena herramienta para evaluarnos.

Reconocer esos pensamientos negativos en el momento que ocurren, para luego reaccionar y transformarlos en un pensamiento positivo es una manera de ir mejorando.

Por ejemplo, estás haciendo una dieta y eres invitado a una fiesta, te ofrecen una porción de torta y como te ha gustado terminas comiendo 2 o 3 porciones. Luego de comer viene a tú mente el siguiente pensamiento "que bárbaro como puedo comer así, me comí muchas porciones, nunca voy a poder bajar de peso". En ese momento intenta parar, haz una pausa y transforma ese pensamiento en el siguiente "la verdad un tropezón no es caída, puedo volver a mi dieta sin ningún problema". Como puedes ver es una manera de reaccionar ante los pensamientos negativos que vienen a nuestra mente. Tratemos de ver donde estuvo el error que nos llevo a pensar de manera negativa e intentemos recuperar el control interno lo más rápido que podamos. En el balance sobre un asunto deben ser mayor las palabras positivas que las negativas para que esos pensamientos no se vuelvan una creencia de la situación.

Estoy seguro que en muy pocas oportunidades te has puesto a cuestionar todos los pensamientos que vienen a tu mente, si lo comienzas a hacer posiblemente te darás cuenta que en la mayoría de las veces estas equivocado o equivocada y que la gran cantidad de cosas que piensas casi nunca ocurren.

Creemos tanto a nuestra mente que damos por verdaderos todos los pensamientos que nos llegan, nos aferramos a ellos y les damos un poder innecesario.

Si tus pensamientos se vuelven creencia, tu mente hará que esa creencia sea verdad, en cada situación similar actuarás de la misma forma.

Es muy común ver a amigos pelearse sin motivo o razón aparente más que por los pensamientos. Parejas que se han separado por que uno tiene un pensamiento sobre el otro y le ha dado vida a ese pensamiento, obviamente que las emociones causaron el resto. Es muy difícil salir de la creencia una vez que ya se ha afianzado. Si tú piensas algo de alguien es muy difícil luego cambiar ese pensamiento si además de pensarlo ya lo crees.

Nuestra mente tienen sesgos que se encuentran en la memoria, la atención y en lo que percibimos; estos sesgos van filtrando toda clase de información que proviene del exterior y del interior y se quedan solo con la información que mejor se adapta a nuestras creencias, agrandando dicha información. Por eso es que insisto tanto en que tengamos cuidado que información guardamos en nuestra mente porque se vuelve una creencia que luego definirá la manera en que actuamos y reaccionamos ante las situaciones o las personas.

Por ejemplo si tenemos la creencia que una persona es mala y no es de nuestro agrado, nuestro cerebro cuando estemos cerca de esa persona hará todo lo posible para alejarnos de allí y no nos permitirá sociabilizar con ella.

Pero entonces como podremos decirle a nuestra mente que está equivocada, que lo que pensamos no es real, como podemos refutar esos pensamientos. Te daré una serie de consejos para que ejercites tu mente.

En primer lugar cuando te surge un pensamiento negativo como ser fulano es mala persona, trata de encontrar situaciones reales que fundamenten esa creencia. Luego escribe el pensamiento contrario como ser fulano de tal no es mala persona y escribe junto con él sucesos reales que validen ese pensamiento.

Entonces tendríamos lo siguiente:

Pensamiento negativo: Fulano no me agrada pues es mala persona.

Situaciones que lo sustentan: Cuando lo conocí me dijeron que era envidioso, egoísta, mentiroso y que le hacía daño a la gente por eso lo considero mala persona.

Pensamiento positivo: Fulano no es mala persona como me dijeron.

Situaciones que la sustentan: Cuando lo veo siempre está ayudando y colaborando con otras personas, comparte sus cosas. Siempre trabaja y no se mete con nadie. No es mala persona como me dijeron.

Como puedes ver en el ejemplo, ambos pensamientos se podrían tomar como válidos, es decir que el pensamiento negativo que tu mente cree puede ser refutado con un nuevo pensamiento pero esta vez positivo.

Otro de los puntos que debes empezar a realizar es el ejercicio de escribir cada pensamiento consciente, puesto que te va a servir mucho para que te des cuenta de que la gran cantidad de ellos son negativos hacia tu persona y el entorno que te rodea, escribirlos de manera consciente te ayudará a razonar sobre ellos.

Está tarea no es fácil pero te va ayudar mucho si decides realizar el cambio. Intenta refutar cada pensamiento que viene a tu mente, con pruebas, demostraciones, hechos.

Piensa que estas en un laboratorio de ciencias, entonces viene el pensamiento, ahí sigues adelante, luego lo observas, te quedas sereno, lo reconoces, planteas las posibles hipótesis, experimentas, cotejas los resultados, y elaboras tu propia teoría respecto a ese pensamiento.

Obviamente que hacemos cuando el pensamiento viene del inconsciente, ese pensamiento tan arraigado que creemos que no podemos controlar. Pues allí haces lo mismo, te preguntas si ese pensamiento es tuyo o es algo que te impusieron como un chip en el subconsciente. Por ejemplo tengo la creencia incorporada que hay que casarse y tener hijos para ser feliz, y peleo con toda la gente que está soltera porque yo pienso que no son felices. Nunca refute esa idea con nada y me encierro en mi pensamiento.

Allí es donde tendremos que ponernos firmes y actuar con el fin de mostrarle a nuestra mente si es verdad o no lo que pienso.

Debes dedicarte tiempo, cada vez que llega un pensamiento negativo, en ese momento has tu pausa, vuélvete tu propio crítico, razona, coteja, refuta, indaga, cuestiona, has nuevas conclusiones, visualiza otras maneras y veras como vas cambiando.

Hay muchas maneras de trabajar con los pensamientos, de hecho hay ejercicios muy divertidos y que te pueden servir, solo bastará que tanto quieras dedicarle tiempo al cambio.

Puedes estar cocinando o yendo al trabajo en tu auto y actúas con tus palabras como si estuvieras en un juicio, te hablas a ti mismo, tienes por un lado el pensamiento negativo, sus verdades y su defensa; por otro lado el pensamiento positivo y su abogado defensor. Cada uno con sus alegatos y conclusiones. Luego tú eres tu propio juez y dictas la sentencia, recién allí es donde decides creer en el pensamiento.

Otra manera de ir manejando los pensamientos de una forma positiva es la meditación, esta técnica milenaria puede ayudarte a mantener la atención en ti, evitando de esta forma el flujo de pensamientos negativos. Existen miles de maneras de realizar esta técnica, basta con entrar en internet y descargar la que más se adapte a tus necesidades, la que más empleo yo es la Mindfulness que te ayuda a reducir el estrés y la ansiedad. Esta técnica mantiene la atención plena en el aquí y ahora, observa los pensamientos y sentimientos, los reconoce pero se queda inmóvil sin juzgarlos.

También puedes acudir a un sicólogo para manejar tus pensamientos, ellos te pueden brindar todo su conocimiento y las herramientas que crean correctas para cada situación, con el fin de promover tu desarrollo emocional y personal.

Imaginemos por un momento que asistes a tú médico y luego de unos estudios te enteras que tiene un problema de salud bastante grave que te aqueja, cuál sería tú reacción ante el suceso. Si eres una persona que por lo general piensa negativamente posiblemente tus pensamientos serían, Dios mío ya no seré el mismo, que voy a hacer ahora, no puedo vivir con esta enfermedad. Esto no solo que te hará sentir peor en ese momento sino que no ayudará en nada con tú fortaleza física y te enfermaras peor. En cambió piensa como sería una reacción positiva como por ejemplo, debó aprender a convivir con esta enfermedad, nada impedirá mi felicidad, disfrutaré mi vida hasta el último día. Con ese tipo de reacción ante el evento te sentirías mejor y con mayor esperanza.

La realidad es que no existe una sola manera, ni un método más efectivo que otro. Todo está en tú mente y lo que decidas hacer con tu vida. La manera en la que gestionas tus pensamientos terminará siendo la forma en que te comportes y actúes. Todo está en tus manos, no podemos controlar cada pensamiento que llega a nuestra mente, pero si empezar a trabajar para reconocerlos y convivir de la mejor manera para que nos afecten lo menos posible.

En mi caso no logro dominar aún la totalidad de mis pensamientos, trabajo en ellos a diario, con meditación, charlas internas y los ejercicios planteados. Aun así son tantos que pienso para mí mismo que es muy difícil controlarlos a todos, por lo que no me estresó y en la mayoría de las veces los dejo pasar.

Me ha pasado que en algunas situaciones de trabajo afloran más los pensamientos negativos, pero desde que los he comenzado a trabajar logro decirles alto no voy a pensar eso. Allí el pensamiento pasa de largo porque estoy enfocado en otra cosa y después de un rato ese pensamiento negativo no llega a afectarme.

Como yo lo estoy trabajando, sé que tú puedes hacerlo, comienza ahora y verás rápidamente los resultados, incorpora el hábito en tu rutina diaria de controlar los pensamientos y verás cómo se transforma tu mundo.

Aplicarlo para todas las situaciones de tu vida te traerá resultados impensados. El ejemplo más claro es cuando algún artefacto del hogar se rompe y tú empiezas a decir que más se me puede romper o que más me puede pasar y de manera automática pasa otra cosa negativa o se rompe otro artefacto.

Te repito, lo que tú piensas define lo que te sucede a diario, y soy creyente de que atraemos lo que pensamos. Actuamos como pensamos, entonces debemos cuidar mucho nuestros pensamientos.

Somos nosotros mismos los artesanos de nuestra vida, no nos dejemos vencer por unos simples pensamientos, identifiquémoslos y cambiemos los que afectan nuestra felicidad. Pensar de manera positiva y saludable te traerá beneficios gigantes en tu vida, inténtalo por unos días y vas a ver con tu propia experiencia lo que te digo.

"Tanto si crees que puedes, como si crees que no puedes estás en lo cierto"

Henry Ford

Siente la libertad de tu mente al controlar tus pensamientos...solo cierra los ojos y disfruta el paisaje que vas creando con tu cambio.

Capitulo 4

Las Emociones

"Cambia tu atención y cambiarás tus emociones. Cambia tu emoción y tu atención cambiará de lugar. "

Frederick Dodson

Ya estamos dentro de nuestra mente, puedo sentir que tus ganas de cambiar las cosas son mucho más fuertes en este momento y recién vamos por la mitad del camino. No desesperes, no seas impaciente, si aún no has encontrado la solución a tu problema no abandones intenta llegar al final del recorrido que de seguro encontrarás las respuestas.

Los pensamientos nos invaden, estallan en nuestra cabeza como un millón de pelotas de ping pong picando a la vez, nos marean y hasta algunos nos atormentan. Ya vimos como ir controlándolos y así serenar la mente, pero algunos de ellos logran su objetivo y causan sensaciones en nosotros que a veces no entendemos. Como dijo Napoléon Hill en su libro Piense y hágase Rico,2012, tu mundo interior crea tu mundo exterior, observo mis pensamientos y tomo únicamente en consideración aquellos que me infundan poder.

Nos sentimos tristes, al rato estamos enfadados, luego

preocupados, nos sentimos felices, entonces viene la tranquilidad, nos sentimos pensativos, deprimidos, sorprendidos, asustados y así nos vamos volviendo loco a diario con un millón de sensaciones.

Pero que es todo esto, porque nos sentimos así, que provoca todo este cambio de ánimo en nuestro cuerpo, que nos lleva a actuar de la manera que lo hacemos. Vienen los pensamientos, y atrás de ellos aparecen esas sensaciones, por ejemplo cuando yo pienso en mi abuela y ahí aparecen las lagrimas, no entiendo que es lo que me pasa, porque me siento así. Pues bien estas sensaciones que nos ocurren y nos hacen subir y bajar de ánimo se llaman emociones.

Existen varias definiciones de lo que son las emociones, pero todas confluyen en que son fenómenos o respuestas fisiológicas de nuestro cuerpo ante diferentes situaciones o estímulos que suceden en nuestro interior o el entorno que nos rodea.

La tristeza, la alegría, la ira, el miedo, el asombro, son diferentes clases de emociones que vamos sintiendo a diario y que van dejando su huella. Es importante conocer cada una de ellas por que forman parte de nuestro ser en el andar diario.

Cuando tenemos un pensamiento sobre algún tema puntual como ya hemos dicho, si le sumamos una emoción y aplicamos la repetición eso lo volverá una creencia y actuaremos en consecuencia. Por esto aprender a manejar los pensamientos y las emociones nos ayudará a manejar nuestra mente.

La palabra emoción viene del latín movere significa movernos hacia, es decir como la palabra lo dice, un evento que ocurre dentro nuestro o en el entorno nos moviliza.

Por ejemplo si vamos caminando distraídos por la calle y sale un perro de la nada y nos ladra seguramente nos asustaremos, es la reacción propia de nuestro subconsciente, el miedo.

Otro tipo de ejemplo de emoción que viene del pensamiento muchas veces inconsciente puede ser cuando estamos mirando una película y en alguna escena algo moviliza nuestro interior y nos causa una profunda tristeza o se nos hace un nudo en la garganta o nos genera una gran alegría, ya que nos hace recordar algún evento que hemos pasado.

En el primer ejemplo el estímulo es externo, mientras que en el segundo ejemplo el estímulo proviene desde nuestro interior.

Todas las emociones provocan cambios fisiológicos, cognitivos y conductuales, cada emoción una vez que sucede provoca una reacción y esa reacción un resultado.

PENSAMIENTO+EMOCIÓN+ACCIÓN=RESULTADO

Las emociones como hemos dicho siempre aparecen después de los pensamientos sean conscientes o inconscientes, ellas motivan acciones que dan lugar a resultados sean buenos o malos.

Recordar a una persona nos puede dar alegría o tristeza, tomar una copa de vino nos puede dar placer o satisfacción, cada situación nos genera una reacción provenga desde adentro o de afuera de nuestra mente. Si por ejemplo tuvimos un accidente corriendo o haciendo algún deporte donde nos golpeamos la pierna, y esta situación nos causó dolor, por un tiempo si no cambiamos nuestros pensamientos sobre el evento cada vez que corramos nuevamente nos va a doler en el mismo lugar del cuerpo que tuvimos el accidente o vamos a creer que si volvemos a hacer lo mismo nos vamos a lesionar en el mismo lugar.

Me ha pasado en varias oportunidades jugando al futbol que me he golpeado el empeine del pie derecho, luego de haber sanado por un tiempo no volvía a patear el balón con esa parte del pie, ya que me generaba una sensación de dolor aún cuando ya había sanado por completo.

En el capítulo siguiente veremos como manejar esas emociones para el logro de los objetivos, lo que conocemos con el nombre de inteligencia emocional. Muchas veces una emoción provoca una reacción que nos aleja de los objetivos propuestos ya que nuestro cerebro no quiere esfuerzo por algo nuevo, no quiere salir de su zona de confort.

Conozco gente que quiere recibirse de algo pero procrastina a la hora de estudiar, cada vez que tiene un examen por ejemplo les duele la cabeza. Como eso lo mantiene en el tiempo, cada vez que hay un nuevo examen su cerebro actúa, la persona piensa en ello, automáticamente viene la emoción desagradable desde su interior que le provoca el dolor de cabeza.

El cuerpo humano genera innumerables cantidad de emociones, pero varios autores confluyen en que son 6 las emociones básicas que existen en todos los seres humanos sin importar la cultura que sean.

Estas se agrupan en 3 grupos, el primer grupo está formado por las agradables, como sentir alegría, felicidad, placer. En el segundo grupo aparecen las neutras como la sorpresa. El tercer grupo de emociones la componen las desagradables y dentro de ellas está la ira, el miedo, la tristeza y el asco.

Es importante conocer nuestras emociones, puesto que nuestro cerebro almacena recuerdos, experiencias, pensamientos y ante cada uno de ellos surge un sentimiento diferente, ese sentimiento almacenado es la manera en que vamos a reaccionar en un futuro.

El dicho popular *el que se quema con leche ve la vaca y llora* es el ejemplo más claro que podemos tener acerca de cómo las emociones se guardan en nuestra bases de datos, el haberse quemado con leche provoca que a una persona le cause dolor, tristeza y hasta sufrimiento ver todo lo referido a la leche y su procedencia, porque su experiencia es más poderosa y domina su reacción. Está expresión metafórica nos habla de lo que hace la experiencia de una situación y la forma que actuamos ante la misma generando en nuestra una reacción automática.

He conocido mujeres que han tenido malas experiencias de pareja, han sufrido pasando por todas las emociones posibles. Hoy en día no quieren sociabilizar con alguien, no desean tener nuevas parejas. Sus pensamientos han ido aumentando a que todos los hombres son iguales, como consecuencia de ello cada vez que algún hombre las invita a salir, automáticamente su mente le causa recordar todas las emociones negativas vividas y rechaza cualquier tipo de acercamiento o les hacen sabotear cualquier relación.

Con los ejemplos podemos ver que muchas veces nuestros pensamientos desean algo o nos ponemos algún objetivo, pero a la hora de la consecución se nos vuelve todo cuesta arriba porque tenemos emociones y creencias tan metidas adentro que no nos permiten logran nuestras metas.

Hemos visto que los pensamientos muchas veces ponen en jaque nuestros proyectos, actúan como verdaderos enemigos, ahora junto a ellos en esta guerra se le suman las emociones.

Imaginemos por un momento un campo de batalla en la antigüedad donde están todos los soldados desplegados por todo el campo ya en posición de guerra, los soldados son los pensamientos, hay miles por doquier. Cada uno de ellos va a atacar con las herramientas que les han dado, fusiles, espadas, hachas, piedras, etc., cada herramienta es una emoción.

Cada emoción causa una reacción diferente, cada arma causa una herida diferente, deja una huella diferente y por lo tanto una manera de actuar diferente, y termina en una consecuencia diferente.

Las emociones también nos ayudan a predecir situaciones, a actuar como verdaderos videntes con otras personas, al observar sus sentimientos y acciones ante diferentes situaciones podremos anticipar su reacción en eventos similares.

Mi trabajo es en un almacén de una fábrica de dulce de leche y tengo un compañero que se enoja y protesta si la mercadería no viene perfectamente estibada o prolija para ser descargada. Observando su reacción nosotros ya anticipamos que cada vez que una mercadería no viene en condiciones optimas él se va a enfadar o entrar en cólera.

Cada emoción actúa en nuestro cuerpo como mecanismo de defensa o en pos de un beneficio. La emoción nos lleva a actuar rápidamente ante diversas situaciones. En el ejemplo de mi compañero de trabajo el conocimiento de las emociones de él nos lleva a anticiparnos y descargar en condiciones la mercadería o hablar con los proveedores para que nos entreguen en condiciones óptimas.

De cualquier manera no siempre las emociones actúan a nuestro favor, muchas veces nos llevan a cometer errores que nos dejan una huella y nos causan algún daño o nos hacen pasar malas experiencias. Por ejemplo cuando alguien nos agrada o nos enamoramos de alguna persona, comenzamos a actuar de diferentes maneras. El problema se presenta cuando no es correspondido ese sentimiento y nosotros confundimos a veces una persona agradable o amable con que siente algo por nosotros. Esa confusión más la emoción puede llegar a hacernos pasar malos momentos.

Por lo que después en situaciones similares ya no queramos acercarnos a nadie más y si lo hacemos cometeremos el mismo error, actuaremos de la misma manera.

Hay personas que son sumamente emotivas, su mente es bombardeada por un sinfín de emociones de manera constante, se sienten asfixiadas. En la mente de estas personas pasan miles de pensamientos y emociones que las perturban, por lo general terminan de alguna o otra manera sumidas en una profunda depresión. Su mente se nubla y no las deja pensar de una manera racional y su buen juicio se ve afectado de manera constante.

A veces actuamos sin pensar la información completa que llega a nuestro cerebro, nos dejamos llevar por una parte de esa información y nos guía la emoción. Esto nos sucede cuando no analizamos el contexto, por ejemplo supongamos que vemos del otro lado de la calle a una persona que extrañábamos mucho y salimos corriendo a su encuentro, cruzamos la calle sin mirar dejándonos llevar por la emoción. Pasa un auto y nos toca bocina, casi tenemos un accidente. No analizamos el contexto, no pensamos racionalmente y actuamos por emoción. Las emociones siempre nos hacen actuar impulsivamente, no saben de razonamiento alguno.

Vemos que cada situación que nos ocurre nos genera una emoción diferente que se almacena en un nuestra base de datos. Es la mente la que luego ante una situación similar nos hace actuar de la misma manera, por esto es que repetimos patrones y situaciones.

Muchas veces la costumbre y los hábitos juegan un papel fundamental como así también los sucesos del pasado. Debemos trabajar mucho en generar una inteligencia emocional que nos saque de la zona de confort, que nos ayude a conseguir todo lo que deseamos y nos lleve a actuar de una mejor manera forjando la vida que nos merecemos.

No permitamos que las emociones y los pensamientos dominen nuestra vida y nuestra mente, ellas no pueden definir quienes somos, o que somos. Está en nosotros decidir los caminos a seguir, está en nosotros tomar las riendas de nuestra vida, está en nuestra naturaleza sobrevivir a todas las batallas que se nos presentan.

Sin las herramientas adecuadas no podremos hacerle frente a conseguir lo maravilloso de la vida, pero con los ejercicios, el trabajo y la constancia que le pongamos al cambio vamos a lograr dominar nuestro mundo, les diré y repetiré a lo largo del libro que confiemos en nuestros procesos de aprendizaje.

Las emociones dentro del cerebro funcionan como las olas en el mar, vienen y van continuamente a lo largo del día. En momentos podemos sentir que estamos en calma que no sucede nada y cualquier situación o movimiento hace que comience nuevamente el proceso. Algunas son poco intensas y pasan de largo y otras son verdaderos tsunamis que inundan todo nuestro interior causando el estado de ánimo.

¿Pero como podremos controlarlas? o es que acaso se puede prevenir una ola cuando llega, acaso podemos frenarlas.

La realidad es que no vamos a controlarlas y no debemos intentar controlarlas, van a seguir viniendo de manera constante una y otra vez desde adentro del mar o por eventos externos como un terremoto, debemos pues dejarlas que afloren y se muestren tal cual son.

Lo que tendremos que hacer es volvernos expertos surfistas, tomar cada ola y disfrutar en ella, transformar esa emoción en una verdadera recreación para nuestra mente. Un surfista profesional no entra en todas las olas, espera el momento indicado y actúa. No todas las olas son dignas de nuestra atención, lo mismo ocurrirá con las emociones. Debemos concentrar nuestra atención plena solo en aquellas que nos atrapan y permiten sacar lo mejor de nosotros.

Es normal sentirse triste ante la pérdida de un familiar al que amábamos mucho, ese profundo dolor y sufrimiento nos ahoga. Nos lleva a una profunda depresión. Si tomamos esa ola, somos nosotros los que decidimos quedarnos allí a surfear o podemos decidir salir de ahí. Si le damos mucha entidad e importancia a la situación de seguro nuestra ola será un martirio que nos acompañará durante nuestros días.

Tengo un amigo que sufrió la pérdida de su madre hace poco tiempo, es normal que él se encuentre triste y que cada suceso que ocurra le va a hacer recordarla. Su madre era su bote a tierra, era su fortaleza y su confidente. Hoy ya no la tiene más, diga lo que le diga nada hará que el se sienta bien en estos momentos. Quizás dejarlo sólo es una opción para que se encuentre en su interior y logre salir de la ola que lo atrapó.

En este caso el no eligió subirse a esa ola, fue el mar quien lo llevó allí. Como ocurre con muchas personas no deciden estar tristes o con irá, son los eventos externos que hacen que reaccionen con esas emociones. Entonces, ¿cómo podrá mi amigo sentirse mejor y no caer en la depresión y angustia?, la respuesta está en su interior, como lo está en cada uno de nosotros. Es su decisión abandonar la tabla de surf y nadar nuevamente hasta la orilla, o puede dejarse llevar por la ola hasta la profundidad del mar, ahogándose en la tristeza y nostalgia que la ola le generó.

Puedo decirle que el tiempo curara sus heridas, pero la realidad es que si continúa con la repetición de sus pensamientos negativos ante la situación, sumadas a una profunda tristeza, esto hará que seguramente actúe como si nada de la vida le importara y quizás al dejarse llevar por la ola y no salir de ahí caiga en el alcohol o en cosas que lo llevarán a su propia ruina.

Soy de creer que el tiempo no cura nada, nada se olvida, todo que allí, el tiempo hace que no pensemos más quizás, pero esas situaciones ya se volvieron creencias. Somos nosotros los que nos curamos y sanamos si tenemos la decisión de hacerlo. Cada pensamiento si le damos entidad queda en nuestro subconsciente y será abierto como un archivo de nuestra base de datos en cada situación similar.

Obviamente no estamos preparados para la muerte, y menos de las personas que están en nuestros corazones. La idea es que podamos dominar nuestras emociones ante estas situaciones para salir lo mejor parado de ellas y que no nos consuman.

Las emociones forman parte intrínseca de nuestra mente, nos brindan conocimiento para adaptarnos, para resolver los problemas diarios y son el apoyo para la toma de decisiones.

No debemos reprimirlas, y como dijimos anteriormente no intentaremos controlarlas, pero si, vamos a conocerlas, liderarlas y decidir si hacemos caso a cada una de ellas.

Creer que un hombre no debe llorar o que debemos reprimir las emociones porque nos mostrará inseguros ante la sociedad es el principal error del ser humano. Tengo la idea y la creencia que en las escuelas y establecimientos educativos debieran enseñar educación emocional que nos permita conseguir desarrollar una inteligencia emocional y así poder enfrentarnos con cada emoción que nos aparece. Nadie nos a mostrado nunca como actuar ante cada emoción, casi siempre somos nosotros mismos los que decidimos, dependiendo de las experiencias previas o creencias que tenemos ante cualquier evento.

El ser humano común cuando le ocurre un evento como el caso de mi amigo, en donde es indefenso a la situación externa intenta reprimir y controlar la emoción.

Esto generará mayor inseguridad en él. Creo que debemos dejar que salga a flote la emoción, que pase la ola, y solo observar. Nunca intentemos controlar una emoción porque nos va a terminar generando consecuencias en nuestra mente y nuestro cuerpo. Si recordamos con anterioridad dijimos que teníamos dos hemisferios en el cerebro, uno que piensa y otro emotivo.

El segundo de ellos, el cerebro emocional actúa de manera rápida, no razona, no emite juicios. Esta parte del cerebro sirve como mecanismo de defensa respondiendo a estímulos que lo provocan para lograr una supervivencia y adaptación.

El cerebro emocional esta íntimamente relacionado con nuestro cuerpo, razón por la cual muchas veces cuando tenemos una emoción, seguidamente sentimos alguna dolencia en alguna parte del mismo. Así pues por ejemplo una sensación de angustia o tristeza nos dará un fuerte dolor en el pecho.

De hecho cada emoción tiene una función específica para nuestro organismo y actúa cada vez que el cuerpo las necesita. A cada pensamiento le continúa una emoción y un cúmulo de emociones junto a los pensamientos forman los sentimientos. Sentirse melancólico es la suma de la tristeza más la nostalgia y alguna que otra emoción, junto con los pensamientos que antecedieron.

Todo esto conlleva a nuestros estados de ánimo diario e irá forjando nuestra personalidad y temperamento.

Las experiencias vividas harán que actuemos de la manera que lo hacemos. Por ejemplo si tuve una discusión en el trabajo donde entre en cólera e ira. Los pensamientos sobre el suceso me llevarán a sentirme enfadado por largo rato, mis emociones como irá, miedo y demás aflorarán. Mi estado de ánimo será de enfado y bronca. Esto hará que en las próximas discusiones reaccione de la misma manera o peor formando mi temperamento, que no es más que la experiencia de la memoria emocional.

El modo en que sentimos nos influye y domina más que nuestro propio juicio y razonamiento. No pensamos ser felices o ser infelices, lo sentimos y eso es lo que nos convierte en seres emotivos.

En todo puerto hay un faro que nos guía, controla y dirige nuestro camino para que no nos perdamos en la oscuridad, eso en nuestro cuerpo lo hacen las emociones, nos permiten movernos, actuar, reaccionar, tomar decisiones.

En cada suceso que ocurra siempre estarán ellas, debemos conocerlas, comprenderlas y utilizarlas como herramientas de nuestra vida diaria. No permitamos que las emociones negativas nos lleven a la ruina, que saboteen nuestro progreso, que nos hagan cometer errores y tomar malas decisiones.

Está muy bien sentirse triste o angustiado, pero lo que intento decirte es que no es bueno quedarte en esa ola por mucho tiempo. Sal de ahí, muévete, actúa, busca otra ola, sigue surfeando.

Y cuando las olas gigantes te atrapen trata solo de estar en calma, no pierdas la cordura, toma aire, respira y recuéstate sobre tu tabla hasta llegar a la orilla.

Pronto estarás mejor y podrás ver todo con más

claridad. Sigue adelante, trabaja en ti, ya verás que todo el esfuerzo que ponemos en nosotros mismos tiene su recompensa.

Posiblemente no tienes la culpa de estar triste, quizás recordar un familiar te puso así, o quizás recordar a un amor que llego a su final te hizo estar así. Ahora si te quedas así por mucho tiempo de seguro las consecuencias serán devastadoras para tu vida. Trata de buscar la calma y toma las riendas de tus emociones y de tu vida.

En el próximo capítulo vamos a trabajar para conquistar esas emociones, para tomar las mejores olas, y aún cuando las olas sean gigantes salir de allí y lograr escapar. Para intentar tener una inteligencia emocional que nos permita hacer frente a las situaciones de la vida cotidiana que nos lleven a una vida más placentera y saludable.

"No somos responsables de las emociones, pero si de lo que decidamos hacer con ellas."

Jorge Bucay

Tú tienes el poder de salir de la ola que te atrapo por más grande que sea, no desaproveches la oportunidad....enfócate en tus objetivos.

Capitulo 5
Conquistando mis Emociones

"El control de la vida emocional y su subordinación a un objetivo resulta esencial para espolear y mantener la atención, la motivación y la creatividad"

Daniel Goleman

Llegamos a la mitad del libro, ya conocimos como funciona la mente, los pensamientos, y hemos estado trabajando en ellos para cambiarlos en forma positiva. Hemos aprendido que son las emociones y como afectan nuestra vida diaria. Es hora de que comencemos a conquistarlas y usarlas para conseguir nuestro propio beneficio y desarrollo personal.

Como hemos dicho no debemos intentar controlarlas ni reprimir ninguna de ellas, hay que dejarlas aflorar y aprender de cada emoción que tengamos. Reconocerlas y trabajar en ellas es la mejor manera de ponerlas a nuestro favor.

Nadie nos ha enseñado nunca como debemos manejar nuestras emociones, desde chico nos dicen cosas como los hombres no lloran, o no te rías así, como te va a dar asco eso, no te puede poner triste tal o cual situación.

Pero la pregunta es ¿por qué?, porque reprimir lo que sentimos, porque no llorar, porque no reír, porque no sentir placer por las cosas que nos agradan.

Porqué la sociedad actúa de esa forma con las emociones, quizás porque no se darán cuenta que eso va generando mayor inseguridad, mayores problemas internos. Un niño que no llora ante un sentimiento posiblemente ante situaciones similares se comportará frio y distante y esto afectará notablemente su desarrollo futuro.

Hace menos de un año falleció mi cuñado de un tumor cerebral dejando un hijo de 13 años huérfano de padre. El niño no proceso sus emociones, no lloró en ningún momento. En todo el proceso previo y posterior jamás mostro emoción alguna. Esto de alguna o otra manera tiene que salir afuera. En él en corto tiempo exploto en una enfermedad en las glándulas tiroides que requerirá de un largo tratamiento. Hoy su forma de manejarse ante la vida es de una persona que perdió el interés y el respeto por las cosas y por las personas. Sin el apoyo sicológico necesario es muy seguro que no pase una feliz adolescencia y que muy posiblemente su futuro no sea el más alentador. Obviamente que con la ayuda indicada y con el apoyo familiar está situación será todo lo contrario.

Cuando era apenas un niño a nuestra familia le tocó vivir un suceso traumático como ser la pérdida de un hermano con apenas 18 meses de vida. Esta situación en ese momento no salió a flote puesto que siempre he reprimido mis emociones, pero con el paso de los años y ya en mi adolescencia y adultez a detonado en toda clases de sucesos reiterativos y conductas propias de haberme reprimido. Mis padres se encerraron en su propio universo y nuestra vida dejo de ser la misma. Todo el amor que conocí hasta mis 7 años se apagó rápidamente. Desde ese punto de mi vida todo cambio, las emociones y los pensamientos manejaron nuestra vida, mientras que la rutina hizo el resto.

Es por estas razones que desde que somos pequeños tenemos que desarrollar una inteligencia emocional y habilidades que nos permitan identificar nuestras propias emociones y la de los demás, para poder comprenderlas, saber porque ocurren y regularlas de la mejor manera.

No intentar controlarlas, pero si al conocerlas podremos cambiar nuestras respuestas ante aquellas que afectan nuestro estado de ánimo y nos hacen pensar de manera negativa. Con la auto motivación , la autorregulación y el control sobre las relaciones con las demás personas podremos dominarnos nosotros mismos y seremos capaces de actuar de acuerdo a las metas que nos propongamos.

Tendremos que aprender a relacionar las emociones con la razón, por lo general las primeras actúan de forma inmediata sin pasar por un proceso consciente. Es normal escuchar la frase se dejo llevar por las emociones, esto es así siempre. Ahora bien cuando nos moviliza una emoción sería bueno usar la razón con el fin de moderarla, que la razón sea nuestro faro y nos ayude a una mejor planificación de la forma en que actuamos. Deberemos trabajar duro y concentrarnos en desarrollar una verdadera unión entre las emociones y la razón con el fin de conseguir tener una vida más saludable.

Cuantas veces vemos o escuchamos que tal o cual persona pensó con el corazón, o actúo sin pensar. Esto sucede porque por lo general actúan las emociones primero, la idea es que exista una correlación entre el corazón y la mente por así decirlo, deben actuar de manera conjunta.

Actuar con el corazón, te hace actuar de manera intuitiva. Es decir que si no pensamos los sucesos nos dejaremos llevar por la intuición. Cuando esa forma intuitiva pasa por el razonamiento habremos entendido como funciona el sistema y actuaremos en consecuencia de una manera reflexiva. Tenemos que unir a toda costa la intuición con la reflexión.

En muchas ocasiones cuando tenemos alguna discusión con otra persona dejamos aflorar nuestras emociones como la ira, el orgullo, el remordimiento y demás negatividades, antes de cualquier razonamiento que nos lleve al buen juicio de los acontecimientos. Sé que no es fácil tener control alguno de las emociones pero si no trabajan juntas con la razón probablemente padezcamos las consecuencias.

Cuando empieza un descontrol en el manejo de las emociones probablemente aparezcan distintos trastornos sicológicos, adicciones, depresión, problemas de atención, bulimia, anorexia, problemas de adaptación social y demás flagelos que nos condenan a una vida de sufrimiento y dolor.

Vamos a comenzar a trabajar en varios puntos para que dominemos las emociones y logremos los objetivos de vida que nos propongamos. Así como trabajamos con el manejo de los pensamientos, quiero que hagamos lo mismo con las emociones.

Hubo 2 libros que me han servido de herramienta para comenzar a conocer mis emociones y entender que me lleva a actuar de la forma en que lo hago. Por un lado el libro del famoso sicólogo Daniel Goleman, *La Inteligencia Emocional* publicado en 1995. El segundo de ellos ha contribuido a descubrir mis principales errores, *Tus zonas erróneas, Wayne Dier, 1976.*

Te voy a ser totalmente sincero, no será tarea fácil si no tenemos disciplina y verdaderos deseos de efectuar un cambio en nosotros. Pero no debes preocuparte mucho por ahora, la idea es que lo consigamos juntos en este libro, piensa que aún me encuentro trabajando en mi mismo y seguramente lo continuaré por el resto de mi vida.

Teniendo en cuenta la definición de emociones que ya hemos visto, situaciones que nos hacen movilizar por estímulos internos o externos, ser inteligente emocionalmente es la capacidad que tenemos los individuos de reconocer, entender y manejar nuestras propias emociones junto con las emociones y sentimientos de las personas que nos rodean.

Estas capacidades se encuentran en nuestro interior,

están allí desde nuestra concepción, solo basta con ponerlas en práctica. Existen varios ejercicios que mejoran la autoconfianza, la autorregulación y el autocontrol para mejorar la confianza en nosotros mismos. También hay trabajos para volvernos perseverantes y nunca darnos por vencidos ante los avatares de la vida.

Otra de las capacidades de tener una inteligencia emocional elevada es ponerse en el lugar de los demás, convertirnos en seres empáticos. Pensar como se siente la otra persona hará que mejoremos la confianza con ellos y mejoren las relaciones sociales. Recuerda que todo está en la manera que nos hablamos a nosotros mismos y que actuamos ante los demás.

La inteligencia emocional pondrá a prueba la habilidad que tengamos para el logro de nuestros objetivos y para mantener relaciones saludables con los demás. Cuando el desarrollo de estas capacidades son elevadas lo más probable es que el éxito en tu vida sea inevitable y aparezca de una manera normal casi sin buscarlo. Las personas con mayor éxito en la vida tienen un dominio pleno de las emociones y no se dejan sabotear por ellas.

En mi caso hay 2 emociones que las he sufrido a lo largo de mi vida, emociones que atentan contra nosotros mismos, ellas son la duda y el miedo. Estas emociones te arrastran, te paralizan, te dejan hundido en la indecisión .A mi modo de sentir son las emociones más dañinas de todas. Una vez que aparecen si le damos entidad se van haciendo cada vez más poderosas en nuestro interior y son capaces de truncarnos todo nuestro progreso y nuestro desarrollo.

A quien no le ha pasado que tiene un proyecto o que se está por comprar algún bien y justo cuando está a punto de concretarlo ahí aparecen ellas. De la nada te comienzan a llamar como una hermosa sirena en el mar, te van llevando y sin darnos cuenta todo se convierte en confusión y nos arrastran hasta la profundidad de nuestro ser.

Son las auténticas asesinas de nuestros sueños. Afloran los pensamientos negativos y nos quedamos con un montón de hubieras por el camino. Lógicamente luego de su accionar aparecen sus amigas la frustración y la tristeza para terminar de liquidar nuestras aspiraciones al éxito y darle punto final a cualquier aspiración positiva que tengamos.

Ser una persona inteligente emocionalmente no significa ser una persona positiva o estar bien todo el día, ni influir o manipular a los demás para el logro de los objetivos. Sino que consiste en saber manejarnos a nosotros mismos aún cuando la vida nos golpeé duro, saber reponernos inmediatamente ante cualquier adversidad.

Es entender que la vida te somete a pruebas y que no siempre las cosas saldrán de la manera que deseamos. Pero aún así seguir intentándolo una y otra vez, hasta conseguir nuestros propósitos.

Recuerdo un video de autoayuda que repetía más de 10 veces seguidas, te caes, te levantas, te caes, te levantas, así debemos reaccionar, nos caemos y nos levantamos en seguida y lo volvemos a intentar una y otra vez.

Para lograr tener una inteligencia emocional elevada deberás tener autoconciencia, autocontrol, empatía, habilidades sociales, y junto con estas 4 cualidades le agregaremos la motivación que es de fundamental importancia.

Con la autoconciencia vamos a poder reconocer nuestras propias emociones, vamos a poder descubrir su origen, vamos a saber que las causan y allí comenzaremos a regularlas.

Todo comienza en nuestro interior, deberemos ser honestos con nosotros mismos y conscientes de cómo nos vamos sintiendo, y en ese momento poder detectar cual es la emoción y cómo esa emoción se relaciona con la manera en que estamos actuando.

El autoconocimiento es la piedra fundamental desde donde vamos a partir para continuar con los otros pasos. Al igual que con los pensamientos, la charla interna va ser de gran ayuda. De hecho si ya la estamos practicando en el reconocimiento de los pensamientos, cuando lleguemos a las emociones todo será mucho más sencillo. Eso sí no olvidarse que es un trabajo diario, requiere de mucha disciplina, constancia, dedicación y decisión de hacerlo.

Les vuelvo a insistir no deberemos intentar controlar las emociones. Si es que acaso nos invade la tristeza como en el ejemplo de mi amigo al sufrir la pérdida de un familiar deberemos sentir esa emoción.

Una vez que ella salió a flote empezaremos a indagar,

¿Qué me llevó a sentirme así?, ¿Qué le pasa a mi mente y a mi cuerpo cuando siento esto?, ¿Qué pensamientos tengo de esta situación?, ¿Cómo saldré de esta situación sin perjuicio para mi persona?

A medida que vamos respondiendo las preguntas nuestro foco de atención empezará a cambiar, deberemos comenzar a relajar nuestro cuerpo y sentir la emoción en su forma más pura.

La meditación puede sernos de gran ayuda, intentar volver al aquí y ahora es muy importante, relajando el cuerpo y la mente, dejar llevarse por la paz en nuestro interior nos será de gran ayuda para dominar la emoción que ha aflorado.

Podrías hacer el ejercicio de tener un cuaderno para los pensamientos y otro para las emociones. Allí anotar cada vez que te surge una emoción diferente. Si no lo puedes hacer en el momento, cuando llegues a tu espacio donde te sientas en calma procede a ir escribiéndolas.

Un ejemplo del paso que quiero que hagas sería: *hoy me siento triste puesto que he pensado mucho en mi madre, siento un dolor fuerte en el pecho, me siento vacío, siento que no tengo fuerzas para continuar, extraño sus charlas y sus abrazos.*

Una vez reconocida la emoción, la sensación que causa en nuestro cuerpo, los pensamientos que surgen de la situación, nos vamos a serenar e intentar volver a nuestro centro y preguntarnos de que manera esta emoción puede llegar a afectar nuestros valores y objetivos de vida.

Luego de este ejercicio y continuando con el ejemplo, cuando las emociones son negativas o desagradables deberemos pensar e intentar transformarlas en emociones positivas o agradables.

Me siento triste por la pérdida de un ser querido, pasó la emoción, la reconocí junto a la catarata de pensamientos oscuros. Automáticamente debemos cerrar los ojos, respirar profundamente y comenzar a visualizar al ser querido en alguna situación de profundo agrado, donde se encuentra alegre y donde nos ha alegrado nuestra vida.

Cambiando el foco de atención de la emoción dejaremos de darle entidad y nos permitirá salir de la ola emocional que fuimos atrapados.

Tomarnos el tiempo que necesitemos es muy importante, no nos apresuremos, confiemos en los procesos, cada persona es diferente y tiene tiempos diferentes. Busquemos un tiempo para nosotros y así lograremos bajar la velocidad de las emociones y pensamientos que vamos sintiendo.

Ya reconocida la emoción deberemos empezar a tener nuestro propio control de la situación. Como les he mencionado cambiar el foco de atención es muy importante, recordar cuales son nuestros objetivos o metas si es que las tenemos y volver a ellos nos hará mantener la concentración fuera de la emoción negativa.

Cuando se tiene autocontrol se vuelve una persona

optimista a pesar de los eventos, si reconocemos que estamos tristes, nuestro optimismo lo transformará en un trampolín que nos elevará fuera de esta ola.

¿Qué me causa está emoción?, ¿qué proyectos de vida me está frenando?, ¿por qué no me está dejando llegar a mi meta?. Cambia la rutina diaria, sal a caminar, enfócate en pequeñas metas, forja una disciplina, cumple lo que dices, actúa urgente, enfócate en hacer más.

Pon un horario para trabajar en ti, en tus pensamientos, en tus emociones, en tu cuerpo, en tu mente, mejora tú calidad de vida. Recuerda que eres tú propio dueño o dueña, tener el control es lo más importante, solo hay una vida y tú elijes como vas a vivirla.

Muchas veces confundimos las emociones que sentimos y al intentar reconocerlas nos equivocamos, actuando de manera errónea.

Por ejemplo supongamos que tenemos un muy buen amigo que acaba de lograr algo importante en su vida y no lo ha compartido con nosotros. La emoción que sentimos es la traición y el posterior enfado porque no ha compartido su logro con nosotros. Ahora bien si nos serenamos y buscamos en nuestro interior probablemente el enojo viene de la mano de otra emoción muy distinta a la traición. El enojo vendrá de la tristeza que nos provocó no haber sido tenido en cuenta por nuestro amigo, nos sentimos tristes porque sentimos que no nos quiere como pensábamos y que en definitiva no era tan amigo.

Cada emoción tiene la función de darle información a nuestra mente y así actuar en consecuencia. Si las reprimimos o las bloqueamos no dispondremos de esa información y por ende no sabremos cómo resolver cada situación y estaremos con los ojos vendados, ciegos para enfrentar las situaciones, además de causarle un daño físico a nuestro cuerpo.

Elije controlar lo que piensas porque eso definirá como será tu comportamiento posterior. El pensamiento sumado a la emoción causa un sentimiento, no puedes cambiar la emoción de algo pero si lo que piensas de ello, eso definirá el resultado de la situación.

Nunca juzguemos una emoción, concentrémonos en reconocerla y que es lo que la causa. Deberemos saber dónde estamos fallando, y que es lo que queremos mejorar.

Podemos tener problemas con la empatía o con las habilidades sociales, puede que no tengamos motivación o no hayamos realizado un buen autoconocimiento de nosotros mismos. Cualquiera sea la situación concentremos nuestro enfoque y nuestra energía en mejorar. Comencemos a actuar ahora, redescubrirnos y reinventarnos ese será nuestro mejor camino para lograr nuestros objetivos.

Creo que si nos interesa cambiar y aprender a dominar nuestras emociones sería bueno que comencemos a hacer diversos ejercicios a tal fin y que dediquemos más tiempo a nosotros. Como verán debemos trabajar primero en nosotros para poder mantener posteriormente una buena relación con los demás.

Una vez dominado nuestro universo deberemos incorporar a nuestros hábitos la empatía, ponernos en el lugar del otro, observar y reconocer como se siente nos hará relacionarnos más fácil con las personas. Ser agradecidos siempre, bondadosos con los demás y mejorar los lazos sociales ayudará a tu inteligencia emocional.

Aprendamos a dominar nuestro estrés, sé que no es fácil, que el océano de la vida diaria nos va llevando a lo profundo, pero te aseguro que con bastante trabajo vamos a lograr salir adelante.

En las próximas páginas te voy a dar una serie de ejercicios y preguntas que me han sido de gran ayuda en mi proceso de cambio, espero puedan ayudarte como lo han hecho conmigo. Intenta practicar con cada tips durante 21 días y verán los resultados.

"La vida está sembrada de altibajos, pero nosotros debemos mantener el equilibrio"
Daniel Goleman

Te dejo algunos tips...

Hemos visto que la mejor manera de dominar nuestro mundo es haciendo un conocimiento profundo de nuestros pensamientos y emociones, ya que esto repercute en la manera en que actuamos.

Dialogando con un compañero de trabajo sobre el tema le pregunté ¿somos lo que pensamos o somos lo que hacemos?. Su respuesta fue muy contundente, somos lo que hacemos respondió, y entonces ¿porque hacemos lo que hacemos?, pregunte nuevamente. Su silencio por unos instantes dejo entre abierta la puerta para que le diga hacemos lo que hacemos porque lo pensamos y actuamos. Luego de eso me dice no, creo que lo hacemos por experiencias propias, porque ya somos así. Esta afirmación me dio pie a que porque ya somos así no podemos cambiar. Hay cosas que ya vienen en nuestro ser interior que nos hacen ser así, pero estoy seguro que las podemos cambiar.

Te voy a dar algunos puntos para que tengas en cuenta a la hora de reunirte a dialogar con tú interior y que logres así cambiar la forma en la que haces lo que haces, sé que vamos a lograrlo juntos.

Obviamente son puntos que utilizo para mí, pueden o no estar comprobados científicamente. Tú puedes buscar otros si no te convencen.

Aquí lo único que importa es que reconozcas donde están tus problemas e intentes actuar para transformar tú universo y sobre todo que dejemos de ***procrastinar y de operar en nuestra contra.***

- Anota todas las emociones que vas sintiendo y que pensamientos la precedieron. También anota como actuaste ante esa emoción, y como debieras actuar para sentirte mejor. Reflexiona a diario sobre ello.

- Ten una mentalidad de crecer todo el tiempo, con afirmaciones tales como: *puedo intentarlo, doy siempre lo mejor de mí, soy una persona bendecida, soy bueno en lo que hago, con la experiencia que tengo puedo enfrentarme a nuevos desafíos, aprendo de mis errores y me vuelvo a levantar, puedo ponerme fácilmente en el lugar del otro, soy agradecido por las oportunidades.*

- Expresa tus pensamientos y emociones de manera efectiva.

- Si estás nervioso o en alguna situación de estrés emocional, enjuaga tu rostro con agua fría y trata de volver a tu centro, pregúntate si esa situación tiene la importancia que merece para ponerte así.

- Evita los productos con cafeína y el alcohol, porque en muchas ocasiones causan el efecto inverso a relajarte.

- Practica la gratitud a diario, esto atraerá mayor energía a tu vida.

- Si las emociones afloran y no logras reconocerlas intenta cambiar el enfoque, dale un giro a tu mente.

- Pregúntate siempre por qué haces las cosas que haces. Te llena lo que haces, o es la vida de otros la que estás viviendo.

- Trata de meditar al menos 4 o 5 veces a la semana al menos 10 minutos al día.

- Vive hoy, lo que paso ya no lo puedes cambiar deja de reprocharte y lo que viene lo definirán tus acciones del presente.

- Elimina de tu mente toda creencia errónea, no te quedes en los si hubiera ni en los debería haber hecho, eso no ayuda en nada.

- Analiza porque actúas con ese temperamento ante determinadas situaciones. Anota tres puntos positivos o negativos de tu temperamento y trabaja en los negativos quitándole el poder y corrigiendo esa conducta, fortalece los aspectos positivos.

- Has ejercicios de autoconocimiento, anota en un cuaderno todas tus fortalezas, debilidades, actitudes, objetivos, valores, motivaciones, creencias limitantes. Reconoce todo lo bueno y lo malo en ti.

- Potencia siempre las emociones agradables que te llenan de energía, si ya sabes cuales son pon tu foco en ellas.

- Una vez que logres aprender a dominar tus emociones práctica la empatía, piensa en las otras personas, ponte en su lugar y ayuda a todos los que puedas en el manejo de las emociones

- Ríe, llora, goza, disfruta de la vida. Haz todo lo que te venga en gana que llene tu alma de placer. Disfruta de la familia, los amigos, los momentos. Un paisaje, una flor, una calle, que todo lo que te rodea sea algo porque mantener tu mente positiva.

- Piensa, cree y ten fe en algo, yo por ejemplo pienso y tengo fe en Dios, en Jesús. No quiere decir que tú hagas lo mismo, cree en lo que quieras, pero la idea de aferrarte a algo mayor dueño de nuestra existencia, mostrándote agradecido o agradecida hará que te sea más fácil y llevadero transformar tus emociones y por supuesto conseguir la transformación de tu propio universo.

"Todo ser humano si se lo propone puede ser escultor de su propio cerebro"

Santiago Ramón y Cajal

Llegará ese momento donde sientas que has conquistado tus emociones, ese pequeño instante donde tu vida se transforma para siempre...

Capitulo 6
La Ansiedad

"Libérate de la ansiedad, piensa que lo que debe ser, será, y sucederá naturalmente"
Facundo Cabral

A partir de ahora se pondrá más emocionante el recorrido de nuestro camino. El fin de tus problemas ya empezó a hacer eco en tu mente, seguramente ya has comenzado a actuar y estas progresando. Tus pensamientos y emociones van a ir cambiando, se que vas a lograrlo. Te sientes más segura o seguro de que vas por buen camino. Pues bien luego de este capítulo entenderás mucho más de los sucesos que te ocurren a diario.

Seguramente a alguien le ha pasado que en algún momento los superó alguna situación, se han sentido agobiados, estresados, hasta han sentido que se les acababa el mundo. Que su cuerpo parecía como poseído por algo, se volvían irritables y molestos todo el tiempo, las lagrimas les brotaban por todos lados, los pensamientos negativos afloraban, el sufrimiento, el dolor y sin entender los porque de las cosas que pasaban.

Con manifestaciones en el cuerpo, dolor en el pecho, en las manos, la espalda, dolores de cabeza, ojos temblorosos, todo en un solo momento o quizás por separado y luego de eso ha perdurado ese temor a lo largo del tiempo. Quien no ha sufrido un momento de locura donde decide tirar la toalla y abandonar el barco.

Calculo que si estás leyendo este libro en algún momento te has quedado solo o sola y han empezado a aflorar esa catarata de pensamientos negativos, sumado a toda clase de emociones y sentimientos y no has entendido que era lo que te pasaba, de donde provenía esa sensación de vacío y tristeza que se apoderaba de tu cuerpo y tu mente. Te puedo asegurar que luego de todas esas reacciones has tenido que realizar algún cambio en tus hábitos y rutinas para no permanecer así por largo tiempo.

En una época allá por 2017, las cosas en casa no iban bien, las cuentas me ahogaban, las discusiones eran constantes con mi pareja, no le encontraba sentido a nada. En mi trabajo no veía el avance, me esforzaba más de 10 horas por día y siempre me encontraba en el mismo sitio. No sentía motivación alguna por las cosas que había logrado. No lograba ver con claridad lo lejos que había llegado.

Como te he dicho luego de la muerte de mi hermano mi vida no fue la misma, nunca tuve faltantes de cosas básicas, como alimento, ropa y demás pero siempre me ha faltado mucho el calor de un abrazo, un te quiero o una palabra de que iba por buen camino.

Es decir me críe de una manera solitaria, bastante independiente y con un vacío afectivo por parte de mis padres bastante importante.

Nunca había cuestionado ninguna decisión en mi vida, siempre hice lo que quise cuando quise, sin mirar atrás y por sobre todo a gran velocidad. Mi mente a diario se iba cargando de muchas responsabilidades y nunca paraba por un segundo.

Nunca me había sentado a pensar en mí, todo el tiempo me mantenía activo para no permitir que entrase en mí ninguna clase de pensamiento o emoción de tristeza o vacío, ni me cuestionaba nada de lo que hacía.

Hasta que un buen día algo estalló, no recuerdo si fue una discusión en casa o en mi trabajo, pero algo explotó en mi interior. Me comencé a sentir sin energía, mareado, me titilaba el ojo, me dolían las piernas con calambres, el dolor en el pecho me había hecho asustar. Recuerdo que me temblaban las manos y no me salían las palabras, sentía que la vida se me iba, que hasta allí había llegado. Trataba mal a todo el mundo, todo me molestaba, mis compañeros de trabajo, mi familia, mis amigos, todo. Comencé a llorar, la angustia se había apoderado de mí. Eran tantos los pensamientos negativos que no lograba retener ninguno, venían y venían sin parar. No podía parar de llorar, y la cantidad de porqués y porqués cuestionaban todo el camino recorrido.

Si me hubiese puesto a pensar por un momento me hubiera dado cuenta que ya había tenido sucesos similares en el 2011 cuando estuve sin trabajo por más de un año. En esa época no le preste atención a lo que pasaba, pero creo que fueron peores los episodios. Digo episodios porque fueron varios en ese año, aunque hubo 2 bastante fuertes que culminaron con intento de suicidio. Tampoco allí me detuve a pensar en mí, paso eso y sin embargo seguí adelante como si nada, cambiando apenas algunas cosas.

Volviendo al 2017, mi pareja me insistió tanto que me llevo al médico y me dejaron internado por 5 días, me hicieron estudios de todo tipo y no encontraron nada de nada en mí cuerpo. Obviamente no me gustaban los médicos, ni hacer ninguna clase de tratamientos. En esos días en el sanatorio me dediqué a leer, a charlar con ella, con mis hijos, a charlar conmigo mismo, al silencio, al freno de la vida diaria, a abstraerme del mundo en el que estaba, fuera del trabajo y las obligaciones diarias.

Nuevamente como en el 2011 no indague que me paso, me han dicho cosas como que estaba estresado, que bajara un cambio, que asista al sicólogo y haga terapia, que seguramente necesitaba ayuda, resumiendo un poco de todo. Como dije no era la primera vez que me quebraba, pero sí la primera vez que le prestaba importancia al asunto. No había porque tener tantas preocupaciones ni miedos. No había porque estar tan negativo, pero todo me molestaba, sentía que nada me satisfacía. Luego de ese episodio he tenido varios más, todos fueron más leves pero en todos han coincidido un millón de cuestionamientos, pensamientos y emociones negativas que me han ido hundiendo más y más en la tristeza y me han ido convenciendo de que necesitaba un cambio a la vida que estaba llevando.

Una tarde escuchando audio libros y buscando ayudarme a mí mismo, obviamente por que como te dije no me gustan los médicos, escuche el nombre de un escritor llamado Gio Zararri, el nombre la verdad no lo conocía. Así que comencé a ver quien era y que era lo que había escrito. Me tope con un libro que me ha dado las respuestas a lo que me pasaba sin buscarlo, su libro *El fin de la Ansiedad(2019)*, me ha llevado a comprender todo lo que me había estado sucediendo.

Toda ese mar de emociones y pensamientos mezclados en conjunto se llamaba ansiedad y habían aparecido para alertarme de que algo estaba mal con el camino elegido y que debía rápidamente dar una vuelta de timón a el barco de mi vida.

La ansiedad, pero que palabra más rara, solo una palabra envolvía todos mis miedos, mis dolores, mi tristeza, mi irá. Ese miedo a lo que paso y a lo que podría venir. Miedo a no lograr los objetivos que me había propuesto. Miedo a la falta de reconocimiento. Miedo al fracaso, miedo a la vida que venía llevando. Miedo a las consecuencias de mis actos buenos y malos.

Entonces está ansiedad como buena usurpadora de mentes se había apoderado de mi vida, pero no era una emoción cualquiera, eran muchas emociones juntas. Había venido con su vestimenta de reina, pero con toda la seguridad de la corona con ella.

Deseaba apoderarse de mi mente y mi cuerpo, y quedarse allí en su nuevo territorio, tal fuera Napoleón en una de sus conquistas.

Está ansiedad es un mecanismo de defensa de nuestro cuerpo frente a situaciones externas o internas que nos causan la sensación de amenaza o de peligro. Como vimos sus síntomas son más bien desagradables y totalmente negativos, con el fin de que cuestionemos la situación y nos enfrentemos a dicha amenaza.

A mí por ejemplo me causa temor y me cuesta mucho hablar en público, de hecho he tenido que hacer cursos de oralidad y liderazgo con el fin de superar ese temor para poder tener el empleo que tengo hoy en día. El miedo generado por esta situación como así también el que puede ocurrir cuando se tiene un examen o algún evento importante nos origina un estrés en el cuerpo, seguido de una ansiedad normal, un miedo y una preocupación normal.

Ahora bien cuando los pensamientos y las emociones ante eventos normales o bien eventos que no tienen ninguna clase de estímulos ni amenazas nos hacen sentir preocupación y miedo en exceso y de manera continua, nos encontramos ante un cuadro de trastorno de ansiedad.

Estás a punto de dar el examen de manejo, te sientes tensa o tenso, si bien estás seguro de que sabés hacerlo, el miedo y temor a hacerlo mal se activan y comienzas a verte no haciéndolo, o a verte fracasar.

Lo haré bien, aprobaré, y si el instructor no me aprueba,si es muy exigente, si no le caigo bien.

Así una enorme cantidad de pensamientos afloran en tu mente. Si no te enfrentas a la situación la ansiedad habrá logrado su cometido, habrás huido y ella conquistado un nuevo territorio en ti.

Toda situación nueva generará en nosotros un cuadro de ansiedad, la compra de un nuevo carro, una mudanza, un examen, hablar en público, un proyecto. Todo lo que hagamos intentando salirnos de la zona de confort, cosas que nunca hayamos hecho el mecanismo de defensa de nuestro organismo lo va a tomar como una amenaza y va a actuar en su defecto.

En mi caso el no querer cambiar mi rutina, causante de todos mis problemas, el no querer afrontar la situación en la que me encontraba por mi propias decisiones, el no querer reconocer que tenía un problema en el manejo de mis emociones, hicieron que entre en un cuadro de ansiedad tal que mis energías se iban apagando día tras día.

El miedo a enfrentar mis deudas, mis relaciones, el exceso de responsabilidad, mis problemas en el trabajo, el sentir que no podía mantener más a mi familia, el querer irme de casa, el sentir dolor por el pasado y incertidumbre por el futuro, el intentar abandonar todo fue el mecanismo de defensa de nuestra querida ansiedad.

Cuál es la razón de cambiar, no quiero el esfuerzo, ya está no me gusta hablar en público, no quiero pasar por eso. El amor de mi vida no me va a corresponder, para que ir a buscarlo, mejor me quedo en mi casa

No este proyecto no va a funcionar, quien va a comprar mi producto. Ya soy así, no voy a cambiar, me criaron así y nada de lo que haga va tener resultados distintos.

De seguro estás situaciones las has vivido y el miedo al futuro o a los cambios te han tocado, o te has quedado atrapado en tu pasado. Vive el presente, es hoy tu día, mañana es incierto y el pasado no lo puedes cambiar.

Tener cierto grado de ansiedad es normal, debemos contar con ella para el manejo de las demandas de nuestro cuerpo y del entorno que nos rodea, debemos aprender a enfrentar las *"amenazas"* diarias. El problema se presenta cuando nuestro cuerpo causa sensaciones con mayor intensidad provocando un desequilibrio.

Nos ponemos tensos, inquietos, inseguros, con problemas para respirar, taquicardias, débiles, cansados, problemas de adaptación, dificultades para concentrarnos, comienza en nosotros un desequilibrio emocional que nos abstrae del mundo. Nos volvemos más solitarios, ya no queremos la compañía. La ansiedad se vuelve patológica y en ocasiones social. No nos logramos adaptar al contexto ni a las situaciones que nuestra mente considera como amenazantes.

¿Pero que causa está situación que no podemos controlar?. ¿Qué hace que me empiece a sentir de esta manera?. ¿Qué motiva a mi cuerpo y mente estar todo el tiempo alerta como si mi vida fuera atacada constantemente?.La realidad es que no soy un profesional en la materia, solo puedo manifestarte mi experiencia en las diferentes situaciones.

A quien no le han encontrado alguna enfermedad aunque no sea de gravedad y ha empezado a transformar su mente de tal manera que un simple resfrío lo convierte en una neumonía grave.

Conozco gente que la misma ansiedad agrava sus enfermedades. No digo que la persona no tenga la enfermedad, solo digo que el componente emocional actúa a favor o en contra.

Si eres mujer y mañana vienen y te dicen que tienes un 10% de probabilidades de quedar embarazada puesto que tienes una enfermedad como por ejemplo la endometriosis, tu decides adónde vas a poner tú foco de ansiedad. Tú decides a que porcentaje le vas a hacer caso. Quizás son todas trivialidades lo que te diga, quizás puedes pensar tú lo dices porque no has pasado por estas situaciones, quizás te enojes por lo que escribo. Pero la realidad es que si tú no atacas la amenaza ella te ataca a ti y dominará tu mundo.

Si la ansiedad se apodera de tu situación, de tu enfermedad de seguro en el caso anterior ese 10 % de oportunidad se volverá un porcentaje ínfimo y te sentirás peor.

El temor, la ira, la tristeza y las sensaciones en tu cuerpo pueden empeorar tus cuadros, te pueden sumir en una profunda depresión que luego será muy difícil salir.

La mayoría de las personas con problemas de ansiedad tienen una adicción, en mi caso yo fumo. Pero conozco mucha gente que es adicta al alcohol y a las drogas.

Es tanto el temor y la catarata de pensamientos y emociones que atraviesan su mente que necesitan algo que los haga bajar la tensión.

Te vuelvo a decir, la ansiedad es un estado donde entran en juego muchas emociones cuando nuestra mente y nuestro cuerpo sienten la presencia de una amenaza. Es algo normal y nos hace volver adaptativos al medio que nos rodea.

Un animal como un ciervo o un venado en la naturaleza ante la presencia de un peligro como un puma, de seguro va a huir. Lo mismo ocurre con nuestra mente, ante la presencia de una amenaza, activando ciertos componentes para emprender la huída.

La mente no entiende que es real o que es imaginario, solo actúa en consecuencia. Ahora si nuestros pensamientos imaginarios sobre eventos que no han ocurrido nos inundan a diario, de seguro viviremos con temor y nos sentiremos amenazados de forma constante.

Como te digo es normal sentir ansiedad, ahora vivir en esa situación no es normal. Puedes estar asustado por el primer día en tu trabajo, por el beso con la chica que te gusta, por el auto o la casa nueva, pero no puedes hacer de ese temor un estilo de vida. Si no enfocas tu mente en el aquí y ahora y te relajas no vas a lograr cambiar.

La ansiedad es un mecanismo de defensa para nuestra propia supervivencia, es algo que tenemos en nuestra naturaleza para poder sobrevivir. Pero si tu forma de vida solo es la supervivencia, me refiero a que solo sobrevives quizás es hora de comenzar a enfrentar esos temores y comenzar a vivir. No pueden ser la dueña de tu vida el temor, la tristeza, la envidia, el egoísmo, la ira, el huir constantemente.

Ahora bien por otro lado, la ansiedad en ocasiones funciona de manera positiva para nuestra salud, nos ayudan en la vida diaria como dijimos ante situaciones de amenazas. Esa ayuda debe seguir una reacción normal, por ejemplo tengo el examen de manejo, me pongo tenso, tengo temor, voy lo hago y apruebo. Consigo mi objetivo, mi cuerpo reaccionó de manera normal ante la amenaza y logre superarla.

Esta cadena de reacciones correlativas es lógica, el problema radicará cuando un eslabón en la cadena se rompe, y nos comencemos a auto castigar y a vivir en ansiedad constante. La falta de dopamina por nuestras emociones y pensamientos negativos causados por la ansiedad probablemente nos hunda en una depresión. Entonces en situaciones sentir ansiedad es bueno para nuestra subsistencia, pero en exceso es totalmente nocivo. Ha lo largo de mi vida he conocido personas con preocupaciones excesivas y miedos constantes.

Hace poco hablando con un compañero me ha contado que tenía deudas y que no iba a poder pagarlas. Que pensaba vender el auto, que no sabía que hacer, que no sabía como pagar. Entro en pánico, la ansiedad hizo el resto del trabajo y estuvo internado 2 días a causa de taquicardias y fuertes dolores en el pecho. En el momento que me contaba le dije con toda la tranquilidad del mundo que debía cambiar el enfoque y atacar el problema.

Que él se enfocaba en las deudas, pero todo el mundo tiene deudas normales por intentar progresar y nadie fue preso por deber, o sufrió consecuencias si esas deudas eran legales. Le pregunté por qué tanto temor, y porque él creía que debía desprenderse de cosas materiales para pagar la deuda. Le pregunté si no había pensado en otras opciones. Su respuesta obviamente fue un no rotundo, nuestra mente ante una amenaza como ser las deudas y su frustración de no poder pagarlas siempre nos hace resolver el problema de la manera más sencilla y sin tanto estrés. En este caso puede ser con algún préstamo o con la venta de algún bien material como el auto.

Cuando le dije que cambié su enfoque y ataque el problema, se río y me dijo pero cuál es la solución. Le dije que la solución estaba en su interior, que en vez de poner su atención en el problema que le estaba causando todas esas sensaciones y emociones, debía concentrarse en el cómo. Es decir cómo él iba a pagar sus deudas, que debía trazar un plan con fecha de vencimiento y debía verse cumpliéndolo. Que cambié su atención al cómo (la solución) y no al qué (el problema en cuestión). Cuando el enfocará su mente en la solución su amenaza habrá desaparecido y el problema habrá sido solucionado.

Pasadas algunas semanas lo volví a ver y le pregunté que tal le había ido, su respuesta fue magníficamente bien. Ya había comenzado a pagar las deudas y ni siquiera tuvo que poner en venta el auto, había logrado una nueva fuente de ingreso que no estaba en su mente.

Cuando la ansiedad es excesiva pueden aparecer los ataques de pánico perjudicando nuestras actividades diarias y haciéndonos las cosas más difíciles de controlar. Puede ocurrir que empieces a evitar ciertos lugares, ciertas personas, ciertas situaciones por miedo o temor.

Los síntomas y signos que aparecen ante situaciones de ansiedad como hemos dicho anteriormente pueden estar seguidos por nerviosismo, tensión, agitación, taquicardias, miedo al peligro, sudoración, temblores en el cuerpo, debilidad, cansancio, falta de concentración, trastornos gastrointestinales.

Existen muchos tipos de trastornos de ansiedad como pueden ser las fobias a lugares o personas, ansiedad por alguna enfermedad, por ataques de pánico, ansiedad generalizada por situaciones de la vida diaria, ansiedad por el consumo de ciertas sustancias, ansiedad por situaciones como hablar en público, ansiedad por una separación, ansiedad por mudarse de país. Todas estas clases de formas de ansiedad causan distintas sensaciones en nuestra mente y nuestro cuerpo.

Si te sientes que estás exagerando alguna situación en particular y no logras enfrentarla te sugiero que consultes con algún profesional que pueda ayudarte a resolver está clase de ansiedad, no hagas de ninguna manera como yo hice que nunca fui a ninguno. Lógicamente hoy la estoy controlando bastante bien, pero podría haber sido otra la consecuencia por no haber recurrido a un profesional en el tema. Si no recibes ayuda es posible que la situación empeore.

Las experiencias de tu vida, los rasgos que vienen de herencia, cualquier evento traumático puede hacer que en tu vida aparezca la ansiedad. No permitas que ella te afecte, trabajar a la par de ella y atacar las amenazas es la mejor opción.

Cualquiera sea la causa que provoca tu ansiedad no dejes de consultar a un especialista ya que muchas veces está puede estar ocultando un problema de salud y podemos complicar el cuadro. Las enfermedades que la ansiedad puede ocultar pueden ser cardíacas, diabetes, hipotiroidismos, problemas respiratorios, síndrome del colon irritable, abstinencias a algunas sustancias, etc.

Como no está clara la causa que ocasiona la ansiedad en cada uno de nosotros, cuando ella se presenta en forma de trastorno y nos afecta la vida diaria lo mejor que podemos hacer es pedir ayuda, mantenernos activos, evitar los abusos de sustancias, y enfocarnos en las cosas que nos gustan y nos hacen sentir bien con nosotros mismos.

La realidad es que la ansiedad no es más que una manifestación de defensa interna que nos sucede para que experimentemos y aprendamos, que lo pongamos a nuestro favor. Sé que la angustia, el miedo y el malestar que nos provoca nos lleva a querer abandonar todo, pero debemos transformar eso para poder conseguir nuestro propio beneficio personal.

Es obvio que si no la tomamos como una oportunidad de resurgir y renacer, cambiando nuestro mundo ella se apoderará de nosotros y dejará sus huellas.

No va ser una tarea sencilla, pero que actividad que nos llene de gozo y nos hace sentir pleno lo es. No hay actividad alguna que nos de resultados positivos y esperados que sea fácil de hacer.

Debemos intentar reconocer el problema, pero no atacarlo. Sino más bien transformarlo a nuestro favor, cambiar la forma de pensar, de sentir y de actuar nos va a ayudar contra ella.

En el próximo capítulo trabajaremos juntos con el fin de que logremos convivir con la ansiedad de la mejor manera posible. En mi caso he tenido que cambiar hábitos y rutinas de mi vida diaria tanto externos como internos. Me he dejado llevar, he comenzado a fluir y estoy intentado ser yo mismo. Aún no logro abandonar algunos hábitos nocivos para mi salud como por ejemplo el hábito dañino del tabaco ya que dejarlo me genera mayor ansiedad, pero estoy trabajando fuertemente en ello. Como ves yo también tengo mis problemas, pero reconocerlos y enfrentarlos, trabajando plenamente en mí ha contribuido que mejore a diario conmigo y en las relaciones para con los demás. Todo lo expuesto son experiencias y pensamientos personales, pueden coincidir o no conmigo. Lo que si estoy seguro que cada problema que tenemos en la vida diaria lo causa nuestra mente más que el contexto en sí, deberías comenzar a trabajar en ella.

"El temor agudiza los sentidos, la ansiedad los paraliza"
Kurt Goldstein

Cuando nos atrapa la ansiedad todo es desorientación y depresión...no pensamos con claridad, son tantos los pensamientos negativos que perdemos el sentido y el rumbo de nuestra vida.

Capitulo 7
Conviviendo con la Ansiedad

"La ansiedad es la mente yendo más deprisa que la vida"
Aida Canals

Estamos yendo mucho más rápido que nuestra vida, pensamos que es un día más y no nos damos cuenta que es un día menos, no nos frenamos siquiera a disfrutar de un amanecer, todo pasa a mucha velocidad.

Corremos por el futuro como si esa carrera tiene un final, desesperados por llegar a quién sabe dónde, y solo nos frenamos para dar vida una y otra vez a los caminos que dejamos atrás.

La gran mayoría de nosotros nos vamos creando un escudo, una estructura a nuestro mundo, somos perfeccionistas, prolijos, responsables, puntuales, muy pro activos, ya somos así y nos criaron así, no pasa nada, podemos con todo, pero vivimos a una velocidad de mil kilómetros por hora. Tomamos la responsabilidad de los trabajos, la familia, los amigos, la pareja, absorbemos todo lo que sucede a nuestro alrededor y estamos para todos sin parar un segundo, ni cuestionarnos nada.

Todo sigue igual, seguimos adelante con nuestras

actividades, sin serenarnos ni ponernos a pensar en nosotros. Vamos acumulando estrés por doquier, descansamos y continuamos llenando el cuerpo de cargas innecesarias, no pasa nada todo está bien. Logramos mantener el equilibrio, los días pasan y todo marcha tranquilo pero a gran velocidad.

Hasta que de repente ocurre un suceso, una situación nos marca, un hecho cualquiera aunque parezca simple y muy pequeño o algo muy grave no importa lo que sea, nos paraliza y entramos en pánico, nos quebramos. El cuerpo entra en alerta, detecta un peligro y emprende la huida, entonces ahí se presenta ella nuestra querida *ansiedad.*

Cuando vives acelerado constantemente, sin ver la realidad, solo sigues adelante, no logras descargar ni descansar, vives tenso y las presiones de la vida rápida que llevas te asfixian, ese estrés se acumula a niveles que no lo puedes manejar provocando un desequilibrio.

Luego de ese episodio van quedando secuelas, las consecuencias son nocivas para nuestra salud. Nos encontramos en alerta constante, como si viviéramos en peligro todo el tiempo.

Ya dijimos que la ansiedad es un mecanismo de defensa de nuestro cuerpo ante situaciones de amenazas o temor, que nos alertan y nos facilitan la huida. Ella llega a nosotros para mostrarnos que algo no está bien, que el camino que estamos llevando no es el correcto, que estamos atrapados en una telaraña de la que no podemos salir y no hacemos otra cosa más que sobrevivir.

Sobrevivir al trabajo, sobrevivir a los lugares, sobrevivir a la familia, sobrevivir a los amigos, solo sobrevivir, nunca logrando disfrutar nada, vivimos atrapados en el pasado y con incertidumbre del futuro.

Creamos historias en nuestra mente tan irreales que asustan. Es en ese momento donde debemos hacer una pausa, frenarnos y tratar de entender que nos quiere mostrar la ansiedad, donde estamos fallando. Cuál es el miedo que hemos creado en nuestro interior, qué la está haciendo salir afuera y la expone ante nosotros.

Ese miedo es real o es imaginario, ¿qué lo causó?, ¿por qué estamos tan vulnerables?, ¿por qué no tenemos el control de las emociones?. Cuántas de ellas salen a flote todas juntas, tristeza, angustia, miedo, frustración, desazón, nostalgia. Vienen a nosotros esas ideas locas de que se nos termina la vida, no hay salida, no hay respuestas. Todo está oscuro, todo es tan negro, el mundo es una sombra de lo que soñábamos y la sensación es que se nos apaga la luz y no hay solución. Nosotros queriendo controlarlo todo y aquí estamos tan frágiles e indefensos. Nuestro cuerpo pidiendo a gritos un cambio de rumbo, ya bastante cansado, muy agotado diría y sin fuerzas para continuar con esta carrera.

Estamos en el camino equivocado y nuestra amiga nos alerta como una buena guía en un viaje, que debemos cambiar el rumbo y girar de camino. Nuestra mente se serena, volvemos a la ruta, seguimos el viaje nuevamente y aquí estamos sobreviviendo otra vez. ¿Qué paso?, pues no entendemos bien lo que paso.

Estamos en una realidad paralela, en un mundo imaginario, nada es real, todo es un cuento. Nuestra mente nos cambia la realidad por una ilusión, necesitamos volver a lo que realmente queremos ser, a nuestra esencia, necesitamos salir rápidamente de esa mentira que nos creamos para huir de nuestros miedos. Nos pusimos miles de escudos para ser protegidos de los ataques, pero la realidad es que no existen tales ataques, solo en nuestra mente creados por nosotros mismos.

Necesitamos volver a ver la realidad como es, necesitamos vernos tal cual somos, pero no solo vernos sino también aceptarnos y agradecer por lo que somos.

Tenemos que abandonar la idea de que somos la víctima en este cuento imaginario, y tomar las riendas de nuestra vida, hacernos responsables de nosotros y vivir en el presente, estamos aquí y ahora, ni antes ni después.

Todo esto que nos sucede vino para indicarnos que debemos cambiar de rumbo y retomar el equilibrio de nuestra vida. Debemos volver al centro, tomar el control de nuestra mente y de nuestro interior.

Comenzamos a transitar el libro hablando de los pensamientos y las emociones. Te deje algunos tips de cómo ir transformándolos a tu favor. Que intentes anotar todos los pensamientos y creencias que operan en tu contra. Que intentes reconocer las emociones dejándolas aflorar y entender porque aparecen.

Te preguntarás porque no empezamos hablando de la

ansiedad que cuando aparece nos llena de miles de pensamientos y emociones sobre todo negativas. Pues la respuesta es que si logras conectar con tu interior, transformar tus creencias limitantes, dominar tus pensamientos y emociones, lograrás siempre mantener un equilibrio a tus niveles de estrés y posiblemente no aparezcan los ataques de pánico ni la ansiedad.

Comencé el libro con las cosas que tuve que ir aprendiendo para lograr dominar mi ansiedad. Intentar controlar todos los días lo que ingresa a mi base de datos para que no me dañe el software de la computadora que es mi mente, considero que es una rutina infinita y que requiere mucha disciplina.

Si estás en una situación donde la ansiedad y los ataques de pánico se apoderaron de tus eventos diarios, necesitas entender que debes relajar tu mente y salir de ahí para no sufrir las consecuencias que ella trae consigo. Lo que sucedió te dejo en un modo defensivo constante y debes volver rápidamente a tu verdadero ser.

A lo largo del libro te he repetido que confíes en los procesos, en este caso debes confiar en ti y en tu proceso, confiar en tu interior, tú tienes la única salida. Se puede vivir y convivir con ansiedad dominando tus pensamientos y entendiendo tus emociones.

Si hoy te sientes mal, triste, sin ganas de nada, trata de no entrar en pánico, entender que sentirse así está bien, que no pasa nada, es normal. Aprende a dominar esas sensaciones, permite que afloren en tu vida, no las enfrentes sino todo lo contrario entiéndelas.

Siempre quieres tener las respuestas a todo, controlar y manejar todo, pero acá te pido que te dejes llevar, que te conviertas en un ser espiritual y analítico. Siente el silencio, medita, date espacio, indaga cada emoción, reconócelas, confraterniza con tus pensamientos. Libera las tensiones y vuelve a conectar con tú yo interior, él te mostrará el camino.

Imagina la situación en donde estás en una pelea con tu pareja, y él o ella empiezan a levantar la voz y entran en un estado de nervios, allí tú le dices que se tranquilice. Dime la verdad ¿cuál es su reacción?, seguramente se pondrá más nervioso o nerviosa, y la discusión empeorará. Esto mismo pasa cuando entras en pánico e intentas tener el control de la situación, en vez de tranquilizarte consigues el efecto inverso, en vez de calmar la situación todo empeora, porque la catarata de pensamientos y emociones es más fuerte y no llegas a controlarla.

Si te quedas dentro de la nebulosa negativa no harás más que darle poder. Imagina como si fuera un gran agujero negro que va absorbiendo todo a su alrededor, cuanto más absorbe más se achica el espacio y más se agranda el agujero. Eso pasa con tu mente cuando entras en pánico, se llena de millones de pensamientos negativos y emociones que te van arrastrando hacia el agujero.

Seguramente sientes que se acaba el mundo, la verdad es horrible la sensación, pero te aseguro que si te pones a trabajar en ti de a poco iras recuperando el equilibrio y entenderás cada episodio y lograrás ir regulándolo.

Hay muchas técnicas para reducir y controlar la ansiedad, sé que lo vas a lograr y trabajarás en ellas. Necesitas hacerte responsable de tu vida y de tu interior, basta de hacerte la víctima y culpar a otros por lo que te sucede. Nadie más que tú puede tomar el mando de tu vida.

Te pido que actúes ya. Pero, ¿cómo vas a tomar las riendas de tu vida si no te conoces a ti mismo?, pues entonces es momento de indagar en tu interior. ¿Qué te gusta hacer?, ¿cómo piensas que eres?, ¿qué te afecta?, ¿por qué reaccionas así?, ¿qué te hace enojar?, ¿de dónde vienen esas creencias?, ¿hasta adonde quieres llegar en tus proyectos?, ¿cuáles son tus objetivos?, ¿qué te causó entrar en pánico?.

Intenta preguntar a tu interior todo lo que quieras saber, como si estuvieras en una cita romántica, recuerda que estás intentado enamorar a la persona que estará contigo el resto de tu vida, tú. Si tratas a las personas que te enamoras tan bien y haces cosas impensadas por ellos, porque no puedes hacer lo mismo contigo.

Intenta mantener las rutinas habituales, seguir haciendo lo mismo a diario. Por más que existan actividades o personas que nos generen ansiedad no debemos tratar de evitarlas, sino más bien enfrentar los miedos. Por ejemplo si algo o alguien en el trabajo te genera una situación de estrés o miedo debes tratar de hacer la actividad igual, enfrentarte al miedo y así enfrentar la ansiedad que te provoca, con el fin de que ella vaya disminuyendo.

Si te gusta algún deporte hazlo, para cualquier aspecto de tú vida el deporte es salud. En el caso de la ansiedad te ayudará a descargar y liberarte. Puedes incluso salir a caminar sin pensar en nada, relajar la mente y dejarte llevar por el camino. En mi caso cuando me siento asfixiado salgo a caminar sin pensar nada de nada, mi mente se pone en blanco y solo aprecio la belleza del paisaje, con decirte que no presto ni atención a la gente que pasa a mi alrededor. Solo mantengo el foco de atención en mi interior y la respiración para volver a mi centro.

Seguramente por momentos tienes problemas para conciliar el sueño y te alimentas muy mal, en otras ocasiones casi no comes y esto agravará la situación. Debes tratar de seguir una dieta saludable y descansar las horas que tu cuerpo lo necesite.

Después de la cena sal a caminar alrededor de la manzana de tu casa, deja el celular hasta el otro día, intenta dormir entre 7 y 8 horas. Cuando te levantes quédate en soledad por una hora, aprecia el silencio, desayuna tranquilo o tranquila, no agarres el celular o ningún aparato tecnológico hasta 1 o 2 horas de haberte levantado, aléjate de las redes sociales por unas horas.

Si estás pasando por un proceso de ansiedad trata de no tomar tanto café o alguna otra clase de estimulantes, puesto que estas sustancias provocan el efecto inverso y nos generarán mayores niveles de ansiedad.

A mí me pasa que cuando me siento muy ansioso necesito fumar para bajar y sentirme tranquilo. No me doy cuenta que esto funciona solo a corto plazo, pero no hace más que contaminar mi cuerpo y causarme distintos tipos de efectos nocivos para mi salud. Esos efectos nocivos hoy los estoy padeciendo y como efecto contrario me han causado mayor ansiedad y miedo a contraer alguna enfermedad grave.

Intenta mantener tu círculo social de manera activa, no te aísles y refugies en tu soledad, esta no es la salida. En mi caso no tengo muchos amigos por no decir casi ninguno, me cuesta mucho aceptar a los demás, por lo general me repito a mí mismo que no quiero a la gente. Esto también lo repito en público, pero cuando me encuentro solo y ansioso me auto castigo con distinta clases de pensamientos totalmente nocivos y contrarios.

En conclusión observando mi interior sé que me agrada la gente, necesito estar en compañía, necesito un abrazo o una charla, necesito ayudar a las personas. Pero como nunca fui aceptado en mi infancia o mi adolescencia me he creado un escudo que hace que me comporte siempre de manera defensiva y me aleje. Esta situación me genera mayor ansiedad y tristeza.

No hagas lo mismo, sal a cenar, diviértete, pasea con amigos, charla con ellos, haz actividades que te mantengan activa o activo con la energía elevada y te saquen de la tristeza en la que te refugiaste.

Lo principal que debes hacer si padeces un trastorno de ansiedad, o sientes que puede ser esta tu situación, es acudir a un especialista para que sea correctamente identificado el problema y te facilite las herramientas para resolver o alivianar el cuadro.

Es muy importante este punto ya que en ocasiones no lo vas a poder resolver en soledad y vas a necesitar de mucha ayuda, quizás algún medicamento o alguna técnica que solo los especialistas en la materia te pueden facilitar.

También puedes optar como yo en intentar resolver el cuadro por tu cuenta, lógicamente si no te capacitas en tu situación y no te reconoces tardaras mayor tiempo en recuperar tu equilibrio. Desde el 2011 que vengo luchando por mi cuenta en calmar mi ansiedad, por supuesto que he recaído miles de veces, pero he notado el avance.

Creo que una de las cuestiones que debes hacer también es compartir tu problema con tu entorno más íntimo, con el fin de que ellos puedan ponerse en tu lugar y te ayuden a identificar tus cuadros. La compañía y el compartir el problema ayudan a aliviar un cuadro de ansiedad.

En ocasiones lo que nos decimos a nosotros mismos cuando entramos en un cuadro de ansiedad o cuando conocemos a personas que están padeciéndola es muy importante. Debemos darle la importancia que el asunto merece, decir por ejemplo no estés nervioso o nerviosa, que te pasa no es para tanto, vas a ver que pronto te sentirás mejor no ayuda en nada, todo lo contrario causa el efecto inverso en la persona o a nosotros mismos.

Tratemos de que nuestras palabras sean de verdadero apoyo, como por ejemplo podemos decir *sabes que estoy para cuando me necesites, cuando te sientas mejor charlamos si quieres.*

En caso que no seamos los del problema debemos volvernos seres empáticos, tratar de ponernos en el lugar del otro, esto ayudará mucho a la persona en el momento que está sufriendo por ansiedad. Escuchar a otros, motivarlos, brindarle nuestro apoyo, nuestra atención respetando su tiempo y espacio es de gran ayuda.

Creo que si has sufrido de ataques de pánico o algún trastorno de ansiedad una buena terapia es compartir tu experiencia con otras personas y brindarles tu conocimiento y apoyo.

Una persona que está atravesando por algún problema de ansiedad necesita por sobre todas las cosas estar tranquila, en paz en su interior y el entorno. Esto último juega un rol fundamental si queremos tener alguna clase de progreso. No podemos estar en un entorno nocivo para nuestra salud o donde haya discusiones constantes ya que agravará nuestro cuadro.

Tampoco debemos aprovecharnos de nuestro cuadro de ansiedad para tener dependencia de nuestras parejas o amigos, esa necesidad de que la otra persona este a mi lado cuando estoy mal también opera de manera nociva.

Debemos cambiar nuestro pensamiento sobre lo que es la ansiedad y lo que nos genera. Entenderla y aceptar que no necesariamente es mala para nuestra salud es el punto de partida para poder convivir con ella.

Es algo natural de nuestro cuerpo, una herramienta que actúa como mecanismo de defensa y nos pone en alerta para favorecer nuestra reacción, adaptándonos al medio según cada circunstancia.

En ocasiones he tenido algún examen en la universidad o la escuela y me he sentido ansioso, pero a pesar de estar cansado de tanto estudiar o agotado por el estrés generado, al momento de hacer el examen estaba totalmente despierto y lúcido. Esto es pues porque la ansiedad agiliza nuestra mente al ponernos en ese estado de alerta.

Como hemos mencionado con anterioridad el problema radica en el exceso de ansiedad y no en la ansiedad normal. Hay que trabajar muy fuerte en aceptar los síntomas, las emociones, las reacciones y sentimientos. No vamos a controlar las emociones, pero si conocerlas y anticiparnos a ellas.

No es un trabajo sencillo, pero debes ponerte firme y dejar de hacerte la víctima como te he mencionado. Acepta tal cual es lo que te pasa y enfréntalo. Si no puedes solo o sola busca ayuda pero enfrenta el problema, no huyas.

A modo de resumen y que puedas comenzar a progresar en tu situación te voy a dejar algunos puntos que me han ayudado a mí. Te vuelvo a repetir, no dejes de acudir a un especialista en la materia. Insisto mucho en esto porque muchas veces creemos que no es grave lo que nos sucede y no le damos importancia y dejamos pasar hasta que las consecuencias son irreversibles.

Algunas rutinas para que mejores...

- En primer lugar debes intentar identificar porque llegaste a ese punto, que es lo que te está afectando, que lo causó, que te moviliza tanto para que estés así. Una vez identificado el problema si lo logras, deberás preguntarte si ese problema tiene la importancia que realmente se merece. Muchas veces nos hacemos problemas por cosas que no merecen si quiera nuestra atención, y ahí vamos cargando estrés llenando nuestra mente de equipaje innecesario.

- Cuida tus hábitos, y en ellos incluyo alimentación, descanso, actividad física y sobre todo tus palabras para contigo.

- Baja la velocidad de las cosas, no todo es ya. No todo merece que te aceleres constantemente. Si te piden que hagas un trabajo y no es urgente, no salgas corriendo a hacerlo y te tenses por esta situación. Conozco personas que hacen todo de manera acelerada, como si el mundo se acabará hoy, como si no habría tiempo de hacer las cosas. Tiempo sobra, lo que no sobra es vida. Vivir acelerado no ayuda en nada, bájale los decibeles a las situaciones diarias.

- Trata de conectar con la naturaleza constantemente, cada vez que puedas sal al aire libre, a una plaza, un parque o cualquier sitio donde te sientas libre y puedas respirar aire puro.

- Empieza a disfrutar de las pequeñas cosas, encuentra allí la belleza y la paz interior.

- Si te sientes mejor, comparte tus experiencias. Quizás no lo sabes pero ayudar a otros es muy gratificante y nos llena de energía.

- Práctica 10 minutos al día alguna técnica de relajación o meditación, como te he dicho hay varias, basta con que te decidas a hacerlo. Deja atrás el pasado, vive el presente y enfoca tu mente allí. Siente tu respiración y relaja tu cuerpo y mente. Estoy seguro que cuando lo practiques a diario encontrarás la paz que necesitas.

- Cuando te sientas mal, no fuerces nada. Es normal y hasta a veces necesario sentirse así. Si te encuentras triste, nostálgico, o estás pasando por alguna emoción de esta naturaleza, déjala aflorar e intenta gestionarlas y volverlas a tu favor, transforma tu mundo.

- Trata de cumplir todo lo que planificas o dices que harás. Organiza tu vida, has una lista de tareas diarias y cúmplelas. Ten el control de tu vida, se organizada o organizado. Esto te ayudará a gestionar cada aspecto de tu vida de la mejor manera.

- No discutas, evita los malos entendidos. Aléjate de la gente negativa, haz el bien, cuida la naturaleza.

- No te juzgues, no te castigues, entiende tu proceso no seas injusto contigo mismo o misma, jamás te compares con otras personas, jamás mires al vecino y te pongas en ese objeto de comparación. Eso no te traerá más que mayor ansiedad.

- Has actividades que te sumen, que te llenen de gozo. Puedes leer libros, ir al gym, pintar, escribir, hacer deportes, estudiar. Lo que sea que este a tu alcance y mantenga tu mente activa te servirá en estos momentos.

- Has una pausa, no seas reactivo. Frenarse a tiempo es la mejor manera de no sufrir las consecuencias a futuro. No reacciones ni contra ti ni contra el entorno. Mejora tu comunicación con los demás, expresa de forma correcta como te sientes y que es lo que los demás te hacen sentir. Compartir y dialogar te ayudará en estos procesos.

- Gestiona tus emociones y pensamientos de manera positiva. Analiza cada pensamiento, emoción, sentimiento que te ocurre cuando entras en alerta. Cuando reconozcas a cada uno, intenta transformar los pensamientos y emociones negativas por algo positivo. Trabaja en el reconocimiento constante de los mismos y el efecto que causan en ti.

- Por último y lo más importante, te vuelvo a insistir. Si algo se complica no dejes de asistir a un especialista. Ellos te brindarán las herramientas necesarias para ayudarte a superar esta situación.

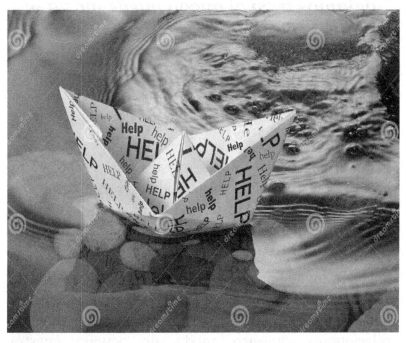

"La ansiedad es un arroyito de temor. Si se alimenta puede convertirse en un torrente que arrastrará todos nuestros pensamientos"

A. Roche.

Capitulo 8
Libérate de los Apegos

"Si no aprendemos a soltar, si no dejamos ir, si el apego puede más que nosotros, y nos quedamos ahí atados...el dolor crecerá sin parar y nuestra tristeza será la compañera de ruta."
Jorge Bucay.

Estamos llegando al final de nuestro viaje, espero que a lo largo del recorrido hayas podido encontrar alguna respuesta a tus problemas, que te hayan sido de ayuda los consejos que te he brindado.

En este tramo del paseo por la mente, vamos hablar un poco de un tema que tenemos incorporado desde la concepción misma, desde el momento de nuestro nacimiento, y que determina nuestra manera de relacionaros, nuestro modo de actuar, nuestra personalidad, la forma en que gestionamos y expresamos nuestras emociones. Y como es que esas emociones hacen que nos desenvolvamos en el entorno que nos rodea y las consecuencias que eso nos trae aparejado.

Yo me considero una persona muy independiente desde mis primeros años de infancia, pero con un problema bastante importante en lo que refiere a las relaciones con las demás personas, siempre me ha costado este punto de mi vida.

Me he dado cuenta a medida que fui entrando más y más en mi interior que me cuesta demasiado expresar mis emociones y asumir cualquier tipo de compromiso con las personas. No lograba entender por que por momentos era una persona introvertida y vergonzosa, pero en otros momentos era todo lo contrario.

En realidad me gusta mucho sociabilizar con la gente, pero pareciera que a la vez no. Me cuesta acercarme a las personas, pero cuando lo hago me comporto como si fuera la persona más social del mundo.

Esta situación me ha traído innumerables clases de problemas, desde discusiones con amigos hasta peleas en la pareja. Todo es a causa del chip que tengo incorporado en mi mente y las experiencias previas.

Como he mencionado no soy una persona acostumbrada a expresar mis emociones. En oportunidades he perdido físicamente amigos o familiares y no me he inmutado de manera alguna. No ha corrido por mi ni una lágrima, ni una expresión, ni nada. Siempre en soledad y actuando de manera fría y distante.

Me cuesta mucho decir te quiero, abrazar o decir lo que siento. Esto a muchas personas como a mi pareja les molesta, no entiende porque soy así poco afectivo pero a la vez saben que lo doy todo por la familia y me preocupo por ellos aunque no demuestre afecto.

Me cuesta relacionarme con la gente, pienso que no me van a querer, que no me van a valorar, que no me van a reconocer y termino saboteando todas las relaciones y el auto castigo posterior es muy dañino para mi mente.

Estoy siempre intentando llamar la atención de las personas, como si estuviese manipulándolas para que estén conmigo y me brinden su amor. Necesito del reconocimiento constante para no sentirme frustrado. Necesito en todo momento esa sensación de pertenecer a un grupo que me brinde seguridad.

Ese juego de te quiero y no te quiero, te doy y te saco, te protejo y me alejo, tenía que venir indudablemente de la manera en que fui criado en mi infancia, de la manera que aprendí a ser, de las experiencias que he vivido.

La verdad es que no recuerdo nada de mi edad temprana, ni de cómo eran mis padres conmigo en esa etapa. Si sé que luego de lo que sucedió con mi hermano he perdido toda clase de seguridad y he ido forjando una distancia con todas las personas.

Mi autoestima obviamente se encontraba por el piso, me había vuelto una persona muy insegura y evitaba relacionarme mucho con la gente. En ocasiones directamente me aislaba, no logrando manejar mis emociones y viviendo en sufrimiento constante. Me había creado un escudo interior de frialdad y soledad.

Si bien hoy sigo siendo una persona fría, muy distante, aun cuando en mi interior necesito conectar con otras personas, estoy trabajando fuertemente en mí con el fin de cambiar esa manera de ser y tener más seguridad con el entorno que me rodea. Estoy intentando ser yo mismo, el que yo elijo ser y no el que me enseñaron a ser, obviamente que sin culpas a nadie y perdonando todo lo pasado.

No es una tarea fácil, cada vez que intento un cambio aparecen los miedos y por supuesto más inseguridades, pero aquí estoy firme y de pie intentando ser mejor cada día que pasa y sobre todo disfrutando el proceso.

Me costaba mucho hablar en público por la inseguridad misma que tenía, pero esto es algo que he tenido que cambiar y mejorar debido a mi trabajo. Siempre fui muy reacio a trabajar en equipo, es más hasta ahora lo sigo siendo en algunas oportunidades. Para resolver estas cuestiones he trabajado mucho y me he capacitado en varios puntos como ser la oralidad, los miedos, el liderazgo, el trabajo en equipo, y varios más.

Creo que cuando uno enfoca la mente en un objetivo logramos resultados extraordinarios, es increíble lo que un cambio de pensamiento y un trabajo de reconocimiento interior pueden hacer con nuestra vida.

Aun habiendo cambiado mucho en varios puntos de mi vida no lograba entender porque era así, porque me comportaba de la manera en que lo hacía. Comencé entonces un trabajo bastante profundo de reconocimiento, comencé a indagar en mi interior y logre dar con el causante de mi manera de desenvolverme en la vida, de comportarme con el resto del mundo, de manejarme en sociedad.

El generador de todo es el tipo de apego que traemos incorporado desde nuestro nacimiento, desarrollado entre nuestros progenitores y nosotros. El apego determinará nuestro comportamiento, también en ocasiones es importante porque nos servirá de guía en la elección de nuestra pareja y la manera en que nos comportemos con ella. Terminamos buscando quien nos brinde seguridad.

Es decir que conocer que es y cuáles son los tipos de apegos que existen nos enseñará a que nos identifiquemos con alguno y que podamos anticiparnos a nuestros comportamientos, vamos a ver la influencia que tienen en nuestras relaciones intimas.

Hablar de los apegos no es más que indagar en nuestro interior tratando de entender porque somos como somos, sobre todo en lo que refiere a las relaciones sociales y entre pares.

La definición de apego que más me ha quedado gravada es la que refiere al vínculo afectivo, emocional, de protección y cuidado que se establece entre una madre y un recién nacido, o la persona que tiene a cargo al niño en sus primeros años de edad. O también podríamos decir en un modo más amplio que es el vínculo emocional y afectivo entre dos personas en donde uno siente mayor seguridad cuando está con el otro como sucede en las relaciones de pareja o amistades.

En edad temprana la función es brindarnos seguridad, cuidados, guiarnos y participar en nuestro desarrollo sicológico y la formación de nuestra personalidad.

El establecimiento de la clase de apego está íntimamente relacionado con la forma en que nosotros desde niño exploramos el ambiente que nos rodea a través de nuestros sentidos y como desde bebés contactamos con otras personas.

En nuestros primeros años de vida establecemos un vínculo de apego con la persona que tenemos más contacto, puede ser nuestra madre, una abuela, una tía o el que sea. También podemos decir que en los primeros años de vida aparece el miedo a lo desconocido, por lo que la función principal de la persona que nos cuida y el apego es brindarnos seguridad ante situaciones de amenaza.

El apego en definitiva es pues el encargado de permitirnos a nosotros desde niños que exploremos el mundo y nos relacionemos con las demás personas bajo la seguridad de que alguien estará allí para cuidarnos y protegernos.

La clase de apego que hayamos forjado va a definir nuestros miedos e inseguridades en nuestra edad adulta, y también definirá la manera en la que los enfrentamos.

Existe una teoría en relación a los apegos del psiquiatra y psicoanalista infantil John Bowlby (1907-1990), la misma establece que existen 4 tipos y explica cómo es que cada uno de ellos se presenta en la niñez y luego se manifiesta en la edad adulta.

Cuántas veces hemos escuchado que alguien nos dice libérate de los apegos, aprende a soltar, estás apegado a esa persona.

Nosotros tomamos como algo totalmente negativo el tema de los apegos, y el efecto que este tiene sobre nuestra vida. En realidad los apegos son necesarios y muy importantes para nuestro desarrollo, ayudándonos a vincularnos y relacionarnos con los demás. En un modo positivo no solo ayuda a cubrir necesidades físicas sino también nos brinda protección y seguridad.

La primera clase de apego, el Doctor Bowlby lo denomino como apego seguro. En este tipo de apego la persona sabe que su cuidador no va a fallarle, siente mucha seguridad, es totalmente aceptado y valorado. En todo momento la persona que le brinda seguridad está comprometida y dedicada a la protección y cuidados constantes.

Cuando somos niños con apego seguro nos relacionamos de manera confiada con los demás y con el contexto que nos rodea. No tenemos miedo a ser abandonados, llevamos una vida social muy activa, sin ninguna clase de conflicto.

Cuando llegamos a la adolescencia y a la adultez y fuimos forjados por esta clase de apego nos volvemos personas totalmente seguras, con alta autoestima, sin problemas para confraternizar con los demás, ni inconvenientes para expresar nuestras emociones. Obviamente con este tipo de apego no nos costará establecer relaciones sociales y las relaciones de pareja serán más estables y seguras.

En segundo lugar encontramos el apego ansioso ambivalente, como podrás ver ya el nombre nos está diciendo que posiblemente este tipo de apego traerá consigo problemas en nuestro accionar y para nuestra mente en la edad adulta. La palabra ambivalente si buscamos su definición nos dice que es algo que posee dos emociones hacia una persona o una cosa.

En este caso de apego cuando somos niños no confiamos en nuestros cuidadores y nos sentimos inseguros en todo momento ya que sentimos que a veces están presentes y otras veces no están. Los niños con esta clase de apego se sienten atrapados por el miedo y la angustia que les generan las personas que están a cargo cuando se separan de ellos.

Otra característica importante es que los niños con apego ansioso desconfían mucho de los extraños. En muchos casos los niños con esta clase de apego son violentos para con sus progenitores.

Está clase de apego se da generalmente cuando ambos padres o uno de ellos no está presente. Los niños que presentan esta clase de apego no logran exploran el mundo con tranquilidad puesto que sienten que pueden ser abandonados, necesitan de la aprobación constante de sus padres y sienten miedo al entorno que los rodea.

Ya en edad adulta una persona con esta clase de apego no se relaciona mucho con las personas, se sienten mal si tienen conflictos con su pareja, se angustian demasiado por las cosas, no logran desprenderse de algo con facilidad, se preocupan demasiado si sus sentimientos no son correspondidos. Por lo general no logran mantener las relaciones con normalidad, viven rodeados de los conflictos. En los adultos esta clase de apego es vinculado con la dependencia emocional, en donde la persona que la sufre tiene la necesidad de que la otra persona asuma el total de las responsabilidades en la pareja, en las amistades, en las relaciones en general. No existe la autonomía ni la independencia en la persona, necesita constantemente de la otra persona para todo. Sus pensamientos son muy negativos cuando no reciben la atención que necesitan, son personas bastante absorbentes.

El tercero de los apegos es el que se conoce como apego evitativo, aquí ya los niños asumen que sus cuidadores o progenitores no están presentes y que no pueden contar con ellos.

Esta situación les provoca sufrimiento, los niños evitan el contacto con los adultos y se refugian solos con sus juguetes. En este caso de apego los adultos no le han brindado la suficiente seguridad al niño, este aprende a desenvolverse solo, explora el ambiente de manera independiente y elige la distancia emocional para con sus progenitores. Mantienen distancia de uno o ambos progenitores o para ellos es lo mismo alguno de los padres o un extraño no reconocen la diferencia. En esta clase de apego a los niños les da lo mismo que los padres estén o no estén, podría decirse que se crían de manera totalmente independiente.

Ya en edad adulta estas personas son las que tienen mayores problemas para socializar, les da miedo toda clase de compromisos, no manifiestan ninguna clase de emoción por las relaciones sociales o de pareja. Estas personas no son muy buenas para compartir sus emociones, sentimientos o pensamientos con otras personas, pues sencillamente les cuesta o no les interesa.

Una persona con esta clase de apego no muestra emoción alguna si termina alguna relación con otra, sea amigo, familiar o pareja. La consecuencia en edad adulta de esta clase de apego es que la persona no se siente querida ni valorada, por lo que no pueden demostrar ninguna clase de emoción, en lo posible evitan las relaciones.

Por último según el Doctor Bowlby tenemos el apego desorganizado, sería el opuesto al apego seguro. Aquí el niño es abandonado en temprana edad, o son niños que han padecido algún tipo de trauma. Sienten miedo por su cuidador, no presentan ninguna clase de seguridad. Es una mezcla entre el segundo y tercer apego pero presentan conductas más violentas. Son niños que les cuestan mucho las relaciones con los demás.

Ya en edad adulta estas personas presentan frustración e ira constante, sienten que nadie las quiere. Necesitan de las relaciones pero a la vez las rechazan. Por lo general sus relaciones se reconocen por los conflictos constantes.

Ahora ya tenemos un mejor panorama de lo que causan los apegos en nuestra mente y nuestras relaciones. Como pudieron leer los problemas más importantes se presentan desde el segundo al cuarto apego. Si comienzas a hacer un análisis de tu infancia podrás descubrir qué clase de apego tienes.

En caso que sea un apego que te genere consecuencias más bien negativas puedes empezar a transformar esa clase de apego con el fin de tender hacia un apego seguro.

Pero de qué manera podemos erradicar y transformar algo que está tan metido dentro de nosotros y nos causa tantos inconvenientes.

En primer lugar debemos analizar la forma en que actuamos, como es nuestro comportamiento. El análisis debe ser objetivo y con total responsabilidad, recuerda que estás conociéndote y descubriendo todo lo que llevas adentro tuyo.

El segundo punto luego del reconocimiento de la forma en que actuamos es comunicar porque somos así, a los amigos, pareja o persona con la que interactuamos de esa manera.

Debemos continuar reforzando nuestra autoestima, nuestro amor propio. Tener una baja autoestima hará que tengamos dependencia para con la otra persona, hará que no lleguemos a ser completos en nuestro interior y por lo tanto ese sentimiento de inferioridad nos generará mayor incertidumbre, miedos y pensamientos negativos para con la relación.

Un ejercicio que me ha servido mucho fue el de recorrer mi pasado, mis acciones y mis experiencias con el fin de reconocer mis formas de actuar. A partir de allí perdonar todas las formas que me han enseñado entendiendo que no eran las correctas para mi camino. El seguir adelante y perdonar es lo más importante para liberar las mochilas y ataduras que no me permitían cambiar.

Al igual que con los pensamientos y las emociones para el caso de los apegos es muy buena la meditación y los ejercicios de atención plena como el Mindfulness, enfocarse en el aquí y ahora sin juzgar y solo observar es el mejor ejercicio para el cambio.

Intenta dedicarte tiempo de calidad para descubrir lo que te pasa, lo que sientes y como actúas. Hacer las cosas que te gustan por y para ti es fundamental y ayudará a que tus relaciones mejoren.

En el próximo capítulo intentaremos dedicarnos exclusivamente a sembrar el amor propio para que te enfoques en ti y le des respuesta a cada uno de tus problemas.

"Para adquirir cualquier cosa en el universo físico, debemos renunciar a nuestro apego a ella. No renunciamos a la intención de cumplir el deseo, renunciamos al interés por el resultado."

Deepak Chopra

Capitulo 9
El Amor Propio

"El amor empieza por casa, sino te quieres, entonces nadie te querrá."

Walter Riso.

Una de los mandamientos más importantes en el libro de la ley Dios en Mateo 22:39 nos dice que debemos **amar al prójimo como a nosotros mismos**. Por supuesto que si no crees en Dios o tu creencia es en otra cosa, o definitivamente no crees en nada está bien. No vamos entrar en explicaciones ni tecnicismos sobre el punto citado desde el lado de la religión.

Como te he mencionado al inicio del libro hubo un escritor que me ha motivado y ha despertado en mi el amor propio y el autoconocimiento interno cuando más lo necesitaba.

En el libro de Daniel Habif,Inquebrantables en sus capítulos 2 y 3 nos motiva a que seamos traficantes de autoestima y amor propio para con nosotros y las personas de nuestro entorno. El nos enseña a aceptar nuestros defectos y trabajar con nosotros mismos con el fin de seguir nuestros sueños y nuestro éxito. Siguiendo un poco sus pasos la idea de este capítulo es que nos interioricemos en nuestro ser y logremos ver lo bonito que hay en nosotros y agradezcamos lo que somos.

Lo que vamos a hacer es interpretar la frase divina y tratar de centrarnos en la idea de amarnos a nosotros mismos. No podemos amar al prójimo ni dar lo que no tenemos, amar al prójimo como a nosotros mismos nos hace reflexionar y pensar si realmente lo que ofrecemos a los demás es lo que tenemos en nuestro interior.

Amar al prójimo como a nosotros mismos no significa que nos enamoremos de todo, ni tiene que ver con ser románticos, ni corresponder a las relaciones amorosas.

Más bien tiene que ver con un proceso de introspección y de análisis profundo de nuestro ser, de cómo nos amamos a nosotros mismos o si carecemos de dicho sentimiento. Ese análisis interno nos dará las respuestas a si verdaderamente estamos preparados para dar amor a los demás o debemos trabajar en ello.

Luego del análisis a consciencia, seguramente debamos establecer cambios para amarnos como queremos y merecemos, con el fin posterior de brindar ese amor al prójimo.

El amor propio define cuán grande es nuestra autoestima, sus conceptos presentan similitudes, pero considero que la primera termina definiendo a la segunda. El amor propio define el nivel en que nos aceptamos, respetamos y nos ponemos en nuestra propia consideración. Aceptarnos tal cual somos, con defectos y virtudes. Respetarnos ante todo, tratarnos de buena manera, reconociendo los intereses y sentimientos que llevamos en el interior.

El reconocimiento de nuestro interior debe ser muy profundo para darnos cuenta cual es el grado de amor propio que tenemos. Por supuesto que esta tarea requiere de un grado de madurez importante, pues no es fácil el análisis.

Por lo general la gente confunde el exceso de amor propio con que las personas sean egocéntricas, creídas, y hay una gran diferencia en estos términos. Quererse a uno mismo nos lleva a aceptarnos como somos tal cual hemos venido al mundo, agradeciendo por las virtudes afianzándolas y también agradeciendo las limitaciones trabajándolas con el fin de transformarlas.

No es ser más que los demás, ni creernos que estamos por encima del resto, es darnos cuenta de nuestros aspectos negativos y nuestros aspectos positivos, trabajar sobre ellos y ser lo que deseamos ser, aceptar lo que somos y como somos.

En el libro de Daniel hubo un ejercicio que me ayudo mucho, él te preguntaba que nombremos 5 cosas que más amábamos en la vida. Obviamente que puse a Dios, a mi mujer, a mis hijos, a mi trabajo y a las cosas materiales que había conseguido. Ahí fue cuando me di cuenta que no estaba yo en esa lista, algo estaba mal y debía cambiar y trabajar sobre esta situación.

A lo largo de mi adolescencia no la he pasado muy bien con respecto a los grupos sociales y amigos que frecuentaba. No fui muy aceptado, ni valorado. No me adaptaba con facilidad, y de hecho no me ha quedado ningún amigo de esa época.

Mi autoestima se encontraba por el piso, no me aceptaba como era ni estaba feliz con la vida que llevaba. Siempre intentaba agradarles al grupo de personas que frecuentaba, pero nunca lo lograba. Las burlas constantes hacia mi y de mi para el resto hicieron una experiencia bastante nociva en esa etapa. Me había acostumbrado a reírme de los otros y a sufrir agravios constantes, eso me estaba forjando a ser una persona negativa, nociva y sin amor para mí y para con el resto de la sociedad.

Hasta el día de hoy sigo con algunas burlas o risas a compañeros, situación que a diario me recrimino y no me agrada puesto que no hacen más que recordarme quien no quiero ser y lo que ya no quiero en mi vida.

Está forma dañina para mi persona y las creencias que me había creado me han seguido a lo largo de mi vida, el ser morocho, tener de una manera la nariz, las orejas, el pelo, la forma de vestirme, el dinero, la forma de ser y de mostrarme ante la gente. Todo siempre fue criticado constantemente por mi, todo lo que tenía en mi no era aceptado por el resto y eso ocasionaba que me aísle más y más, no aceptándome como era.

A medida que fui creciendo me fui transformando pasando por varias versiones de mí mismo. Hubo un momento que me había vuelto una persona soberbia, orgullosa y sobre todo muy egocéntrica. Yo digo que esas experiencias de la adolescencia me fueron creando y me habían vuelto una mala persona. Todo el sufrimiento que había pasado en mi interior lo sacaba hacía afuera pero de una manera bastante dañina.

Mi Dios y mi creencia pusieron ante mi la oportunidad de trabajar en un lugar, crecer laboralmente y comenzar a tener gente a mi cargo. No podía creer lo que estaba consiguiendo yo, el que siempre había sido rechazado.

Me eligieron a mí que nunca había sido reconocido en nada, que nunca había sobresalido en la escuela, a mi que siempre había sido excluido de todo lo que quería y deseaba. Obviamente que el pecho se me inflo y me la empecé a creer, creer que era más que el resto, creer que era más que mi pareja, creer que me las sabía todas, era hostil con los demás, el protagonista era yo, por fin era el actor principal. Esa lección me duro 7 años de mi etapa de crecimiento.

Obviamente que esa química de ego, avaricia, orgullo y soberbia debian estallar en algún momento. Un día la bomba estalló y me quito todo lo que tenía, arrasó con todo a su paso, no quedo nada de aquella persona creída y con poder sobre los otros. Las esquirlas entraron tan adentro dañando todo en su camino, la soledad y la tristeza hicieron su trabajo final.

Dios me había dado la mejor lección en mi vida y yo no la comprendía, tenía todo para salir del pozo y aún así no cambiaba nada del monstruo interno que había creado. Estuve poco más de 1 año sin trabajar arrastrándome por el barro, besando el suelo y de rodillas y aún así no me doblegaba ni bajaba del pedestal en donde me había decidido poner solo.

Luego de esa sacudida comencé a salir de allí intentado ser una persona nueva, nuevo trabajo, nueva casa, nuevos conocidos, nueva vida.

Pero todas las experiencias vividas habían dejado creencias en mi interior y no del todo buenas. Esos vicios negativos aún me siguen y me atormentan.

El no ser aceptado, no ser reconocido, llamar la atención constantemente, querer caer bien a todos, no aceptarme como soy, todo esto me sigue persiguiendo.

Y posteriormente luego como una contradicción ya cuando soy aceptado creerme superior al resto, ser soberbio, egocéntrico, el dueño de la verdad. Está contracara me hace frente en todo momento y me causa confusión constante.

Nuevamente fui sacudido en el 2017 en el episodio de ataque de pánico y yo sin inmutarme ante estas enseñanzas continuaba igual la vida, sin cambiar nada de lo que la vida me estaba pidiendo que cambie.

Hoy y luego de varias bombas que han explotado en mi interior y con la ayuda de Dios que pone en mi camino a personas que me han ayudado a crecer y sobre todo creer es que puedo decir que estoy trabajando en mi interior y mi amor propio.

El trabajo es muy profundo, el reconocerme internamente y ser honesto conmigo mismo, sobre todo cuando cometo errores es muy satisfactorio.

Muchas acciones de mi vida diaria hacen que suba mi autoestima, varios reconocimientos, agradecimientos, valoraciones que recibo a diario, hacen que me sienta fortalecido y con ganas de continuar dando todo de mi. Pero esto no implica que mejore mi amor propio, debo seguir trabajando en él.

Como he mencionado al comienzo considero que la autoestima y el amor propio si bien son semejantes no es lo mismo. Creo firmemente que una persona con mucho amor propio tendrá por defecto una autoestima elevada. Pero una persona con autoestima elevada puede que en ocasiones no tenga mucho amor propio.

Creo que la autoestima es una sensación superficial de como algunas cosas me hacen sentir o actuar y como nos observamos nosotros mismos o como nos perciben y aceptan los demás. El claro ejemplo de las diferencias que hay entre amor propio y autoestima es cuando yo me creía superior al resto, mi autoestima estaba por las nubes, me creía el dueño del mundo, pero al caer me di cuenta que mi mundo era muy pequeño. Carecía de amor propio.

Entonces pues hay que ponerse a trabajar sobre ambos conceptos e intentar mejorar el amor propio mientras fortalecemos la autoestima. Trabajar en conocernos, relajarnos y contemplar la belleza que hay en nosotros. No es fácil estar allí sentado sin hacer nada más que indagar en nuestro interior y reconocer los errores y las virtudes. Algunos no tienen ese tiempo diario para dedicarse a uno mismo, pues la vorágine de su vida los lleva a vivir a grandes velocidades. Pero te aseguro que cuando empieces a observar todo lo que hay en ti y te quieras tal cual eres y descubras lo maravilloso que has sido creado o creada tu vida comenzará a cambiar.

Comienza a explorar, corrige tus errores, escribe un diario, reconócete, cuestiona todo lo bueno y lo malo. Toca fondo y vuelve a subir, equivócate tantas veces hasta que aprendas y te conozcas. Decide ser tu mismo, el verdadero ser que habita en ti, cambia las creencias y las etiquetas que te has puesto. Saca de ti todo lo que te hace daño, perdónate a ti mismo y agradece lo que eres.

Comienza por dedicarte tiempo, ese tiempo de calidad como le dedicas a tu trabajo. Ponte en prioridad, has actividad física, sigue hábitos saludables, date ciertos gustos. Dialoga contigo a diario, como limpias tu habitación, has lo mismo con tu mente.

Se bondadoso, apasionado y sobre todo muy dedicado a ti y tus necesidades. Valora lo que eres, tu mente, tu físico, lo que has conseguido, tus proyectos.

Aléjate de toda clase de relaciones que no te aportan nada, que no te motivan a ser mejor persona. Relaciones nocivas donde no te sientas valorado, relaciones que no refuercen tú amor propio de manera positiva. Entiende que eres las cinco personas que te rodean a diario, tu decides si eso es bueno o es malo. Trata de no contaminar tu círculo social, sal y conoce nuevas personas que te ayuden a mejorar a diario.

Agradece constantemente lo que eres, lo que has logrado, en quien te has convertido. Perdónate a ti mismo y acepta que lo vivido te ha enseñado a ser quien eres hoy en día. No lleves en tu base de datos ni en tu equipaje culpas, rencores, arrepentimientos que no suman en nada y no te permiten disfrutar de tu presente, aprende a perdonarte y perdonar a otros.

Debes entender que no eres ni mejor ni peor que otros, simplemente eres tú, acepta eso.

No te defraudes a ti mismo, concentra tú energía en buscar tu mejor versión. Una vez que llegues a esa versión ayuda a otros a encontrar la suya.

Amar al prójimo como a nosotros mismos, es no hacernos a nosotros lo que no le hacemos al otro. Todo lo que das o haces a los demás no es más que un reflejo de lo que te haces a ti.

Si tú eres deshonesto, soberbio, infiel, burlista y demás afirmaciones negativas con los demás, no es más ni menos que lo que eres contigo mismo. La frase no hagas lo que no te gusta que te hagan lo define a la perfección.

Todas esas afirmaciones anteriores reflejaban mi forma de presentarme ante el mundo, eran un reflejo de mi interior, de mis creencias y experiencias. Hoy las he decidido erradicar de mí, obviamente que si no hay un reconocimiento honesto y una aceptación de que esas cuestiones no tenían nada que ver conmigo no podría siquiera comenzar a trabajar en transformarlas.

Eres gorda, gordo, flaco, flaca, narigón, orejón, con celulitis, estrías, acné, verrugas, piel oscura, piel blanca, rubia, morocha, castaño, eso no debe cambiarte ni definirte. Todo eso es superficial, no es quien eres, no define tu interior, no define tu esencia. Tú tienes una fragancia única, acepta eso, acepta tus cualidades y virtudes, potenciarlas es el camino. Corrige tus errores, reconoce donde fallas y actúa sobre eso para cambiarlo.

Como vas amar a alguien y darle todo si primero no lo haces contigo. Como vas ayudar y motivar a otro si primero no lo haces contigo.

Deja de lado la pereza, sal del pozo donde te has metido, seca las lágrimas y enfrenta a tu peor enemigo que si te miras al espejo lo verás y eres tú.

Como podemos reconocer que carecemos de amor propio, que realmente no nos amamos como decimos o como pensamos que lo hacemos. Pues primero debemos indagar todo, absolutamente todo en nuestro interior para encontrar donde estamos fallando.

Si cuestionamos todo a nuestro alrededor, lo que hacemos, lo que los demás hacen, lo que decimos y lo que los demás dicen seguramente nuestra autoestima sea negativa repercutiendo sobre nuestro amor propio. Si por ejemplo alguien viene y nos dice que somos muy inteligentes, debemos agradecer ese cumplido y aceptarlo, no cuestionarlo o negarlo o llenarnos de pensamientos negativos. Agradecer aumentará nuestra estima y amor propio.

Cuando las situaciones que acontecen a nuestro alrededor nos colocan siempre a la defensiva es una clara señal que nuestro amor propio esta por el suelo. Ponernos a la defensiva en todo momento nos hace ver que somos inseguros y no tenemos confianza en nosotros mismos lo que termina causándonos mayor nivel de estrés y posibles ataques de ansiedad.

El otro extremo de ponerse a la defensiva tampoco es bueno. Me refiero a que en ocasiones pretender que todo está perfecto y así evitar enfrentar las situaciones también es perjudicial. No defender nuestros ideales para no tener conflictos tampoco es bueno, porque esto trae mayor malestar en nuestro interior.

Nunca debemos compararnos con los demás, debemos entender que nosotros somos seres únicos e irrepetibles. La comparación siempre nos perjudica, porque nos pone en un lugar de derrota, siempre pretendemos creer que los demás son mejores que nosotros. Esto actúa negativamente en nuestra autoestima y baja los niveles de amor propio.

Cada vez que logremos algo por lo que hemos trabajado duro, o que ha sido fruto de nuestro esfuerzo debemos reconocerlo y valorarlo. Una persona con bajo amor propio siempre pensará que las cosas que ha logrado han sido fruto del azar o de la suerte misma, fruto de la casualidad y esto hará que tu creencia ante otros logros similares nunca sea reconocida. La falta de amor propio y la falta de motivación serán una constante.

Te dejaré ciertos puntos para que trabajes tu autoestima y tu amor propio, con la intención de que en definitiva logres amar al prójimo como te amas a ti mismo, de la mejor manera posible.

Intenta a diario mejorar tu autoestima, considero que es el primer paso para conseguir tener amor propio. Relaciónate mejor con las personas, sobre todo busca entornos que te hagan bien. Habla con tu interior, escucha tus necesidades. Acepta tus errores y reconoce que no eres mejor que nadie. Ponte metas y trabaja para alcanzarlas.

No atraigas problemas a tú mente, trata de evitarlos, no hables de ello en ningún momento. Sobre todo algo que te dará mucha autoestima y lo considero lo más gratificante es ayuda a otras personas.

Una vez que hayas trabajado tu autoestima comienza con tu amor propio. Trata de dar pequeños pasos, crea el hábito y la rutina, eso te ayudará a enfocarte solo en ti.

Analizarte a ti mismo y ser crítico no es lo mismo que criticarte por todo lo que haces. Ser crítico de una manera objetiva y honesta para cambiar está bien, pero criticar todo lo que haces o como eres no es bueno para mejorar tu amor propio. Trata de comenzar con pensamientos positivos hacia tu persona y tus formas de actuar para sentirte valorado, refuta todo lo negativo y transforma tu universo.

Disminuye tu ansiedad, no te auto castigues ni tengas pensamientos negativos sobre ti, ni permitas que tú mente domine la situación.

Ten paciencia contigo y con tu proceso, respetarse y ser amable con uno mismo es el camino.

Busca algo que te inspire o te motive, y comienza a hacerlo. Aprende a amar la persona que eres, conquistarte y tratar de protegerte te ayudará en este proceso. Párate delante del espejo y comienza a darte cumplidos diarios, mira la persona que está ante ti y dale cariño y amor. Eso potenciará tu seguridad.

Mejora tus hábitos de salud, trabaja en tu alimentación, tus ejercicios, deja el alcohol, el cigarrillo. Cuida tu cuerpo y tu mente.

No intentes tener el control de todo, entiende que a veces las cosas solo suceden.

Aprende a perdonarte, no seas injusto contigo. Practicar el don del perdón te ayudará tanto espiritual, emocional como físicamente.

Así como te pones en lugar del otro has lo mismo contigo y ten empatía con tu vida, tus sentimientos y tus emociones. Aprende a expresar las emociones que llevas dentro, deja aflorar lo que te pasa, no lo reprimas.

Con estas herramientas de seguro que vas a lograr reconocerte y comenzar a desarrollar tu amor propio. Estoy seguro que vas a lograr todo lo que te propongas y vas a ayudar a otros a que logren sus metas.

Confío plenamente en que desde hoy saldrás del fondo del pozo y llegarás tan alto en tu vuelo que pronto ni tú reconocerás quien eras.

Comienza desde hoy a colocar la semilla en tu corazón y tu alma, riega a diario esa semilla de amor propio y verás que pronto crecerá la planta que habita en tu corazón. Allí podrás ver la maravillosa persona que has cultivado y comenzarás a cosechar esos frutos.

"La siguiente vez que hagas planes que no se te olvide incluirte en ellos."
Daniel Habif.

Si te tomas un momento del día y aprecias lo increíble que eres cultivarás el amor en ti.

Capitulo 10
El fin de tus Problemas

"El que controla sus pensamientos, controla su mente, el que controla su mente, controla su vida."
Robin Sharma.

Hemos llegado a la parada final de nuestro viaje. A lo largo del libro fuimos recorriendo muchos de los problemas que pueden ser originados por nuestra mente. A través de los pensamientos podemos tener la solución a ellos o podemos hundirnos más en el calvario de la depresión y la tristeza. Somos nosotros los que elegimos un camino del recorrido o el otro. Somos nosotros los que nos quedamos a surfear la ola o decidimos nadar hasta la orilla.

Te he mostrado que tú tienes el poder de cambiar lo que está en tu mente, en tú base de datos, que puedes transformar tus pensamientos, que puedes cambiar las emociones con que interpretas esos pensamientos, que puedes formar nuevas creencias, en fin que tu mente es la que puede llevarte a lograr grandes cosas.

Ya es hora de que te arremangues los pantalones y te metas al barro, que camines sobre él, que llegues al fondo de tu pozo y comiences a subir. Ya es hora de que te hagas responsable de tus problemas, que decidas enfrentarlos, que decidas con fe cambiar tus creencias limitantes.

No puedes seguir allí nada más quejándote de todo y sobreviviendo, no puedes seguir allí en la oscuridad, busca tu propia luz, enciende la antorcha que hay en tu mente y tu corazón y vuélvete el faro de tu propio destino.

Te encuentras navegando sin rumbo en alta mar, no sabes adónde vas y ni tampoco por donde seguir el camino hacia la orilla, intenta buscar la paz, la tranquilidad, el reconocimiento interno, el amor por ti, y cuando realmente estés listo o lista Dios encontrara el camino y te ayudará a llegar a un puerto seguro.

No permitas que tus pensamientos negativos sean intrusos en tu mente, porque una vez que comienzan a actuar, se van reproduciendo y se van alimentando de todo lo bueno que tienes dentro de ti.

Olvídate de esa idea absurda de que el tren pasa una sola vez, el tren de tu vida pasa todos los días y a toda hora. Súbete en él o bájate las veces que lo necesites, las veces que tú estés con la seguridad suficiente para tomarlo.

Si una persona, un proyecto, un trabajo, una situación no salió como esperabas o no tuvo los frutos y resultados que habías imaginado no significa que es el fin. Quizás eso no era para vos, quizás ese no era el camino, tal vez cambiar de rumbo y seguir otro camino sea lo mejor. No te quedes lamentándote por las cosas que no se dan. No te crees falsas expectativas de todo, hay cosas que simplemente no son para nosotros.

Cada uno tiene sus propios problemas, quizás a una persona un amor no correspondido le cause dolor emocional y físico, quizás a otra no. Tal vez a una persona que no puede pagar sus deudas y salir de ese pozo económico le cause problemas al corazón y depresión, pero a otras no le afecta en nada. Cada persona es diferente y actúa diferente ante las situaciones que les toca vivir.

De algo estoy seguro por experiencia propia es que los caminos que vamos tomando los termina definiendo nuestra mente. Es ella quien nos guía en todo momento. Es ella la que tiene el poder sobre nosotros, sobre nuestro cuerpo, sobre nuestra alma.

Pues entonces si es nuestra mente la que maneja el tren de nuestra vida, ¿sobre qué tendremos que trabajar?, ¿Adónde debemos apuntar nuestros cañones, nuestra energía?. Pasamos los días pensando en los problemas, gastando nuestra energía sobreviviendo, ¿es que acaso eso nos hace bien?¿eso que hacemos satisface nuestro corazón, nos trae paz?. No hablo de la paz del alma, esa que es tranquilizadora, hablo de la paz mental, la que nos ayuda a tomar buenas decisiones.

Puedes decirme, pero como, solo con mi mente voy a curar mi enfermedad que es terminal, mi problema es grave, quizás mi vida se termine el año próximo o quizás mañana. Yo te diré que está bien, ya sabes que te vas a ir del plano terrenal, obviamente que estás triste por todo lo que no vas a lograr o lo que ya no puedes hacer, pero ponerse en ese estado no hace más que llevarte al final más rápido.

Los pensamientos quizás no sanen tu enfermedad pero a lo mejor alivian los síntomas. Transformar tus pensamientos sobre la situación y sobre el problema quizás te permita vivir con alegría más tiempo, o quizás hagan de tu destino final un mejor camino. Quizás logres cambiar muchas cosas, perdonarte, agradecer los caminos recorridos e irte de la mejor manera dejando un grato recuerdo. Tú tienes la elección del camino para tú problema.

Yo tengo una enfermedad que es progresiva, tengo artrosis en cadera, rodillas, columna, hombros y manos. Mi cuerpo por las mañanas parece cuando pisamos las hojas de los árboles en otoño, cruje por todos lados. Hay días que no puedo ni caminar, ni levantarme de la cama. Los dolores cervicales son tan fuertes que lo asimilo con tener unas espadas clavadas en la espalda en todo momento. Imagínense la cataratas de pensamientos negativos para con la situación, por momentos se vuelven insoportables. Sinceramente vivir así es agotador, pero tengo dos opciones únicamente.

Por un lado puedo quejarme de los dolores todo el día, hacerle caso a mis pensamientos destructivos, negativos y alimentarlos de más enfermedades y más dolores, tomar medicamentos para apaciguar el dolor, y tirarme en la cama cada vez que no tengo ganas de seguir, o cada vez que no puedo ni moverme. Es decir que puedo elegir por sumirme en la tristeza y el dolor, tristeza por lo que vendrá que seguramente sea peor y por lo que ya no puedo hacer y que me gustaba mucho.

Pero por otro lado puedo entender que no es más que una enfermedad, que debo aprender de ella, debo aprender a convivir con ella. Debo aprender porque vino a mí, debo aprender porque esa enfermedad se manifestó ante mí. Qué es lo que hice mal con mi cuerpo en mi pasado y cuáles eran los pensamientos que me llevaron a esta situación. Una vez que ya conozco la enfermedad intentó tomarme las cosas de otra manera. Si ya no puedo practicar deporte por los dolores, pues entonces lo enseño. Si ya no puedo escribir, pues entonces leo. Si ya no puedo caminar pues entonces me siento. Si los dolores no me dejan trabajar, pues entonces descanso. Si antes hacía todo acelerado pues entonces ahora debo ir más lento. He decidido apreciar la belleza de los paisajes, de las personas, de todo lo que me rodea. He decidido dejar de lado los conflictos, las peleas, las malas relaciones. He decidido ayudar y aconsejar a cuanta persona se pone en mi camino.

Tú me dirás pero sigues con dolor, si te responderé y cada día que pasa es peor, pero mi foco de atención no está en el dolor, sino en la vida que quiero vivir hasta el final, en el legado como persona que quiero dejar. Mi foco de atención está en todo lo que aún puedo hacer y no en lo que ya no puedo lograr. Decidí soltar todo lo que ya no me puede acompañar, vaciar mi equipaje y seguir el viaje con menos carga.

Yo podría cada vez que me invitan a jugar al futbol simplemente decir que no, que no puedo jugar más y quedarme en casa solo aislado con mi dolor y mi sufrimiento. O tal vez pueda ir divertirme un rato, tomarlo como algo que me llena de placer, comer una parrillada con los muchachos y pasarla bien. Es simple lo que te planteo, cada uno decide qué camino tomar.

Seguramente tu problema sea con tu economía, seguramente te cuesta mucho llegar a cubrir tus necesidades más básicas y vives deprimido y con amargura diaria. Seguramente me puedes preguntar ¿cómo con la mente y cambiando los pensamientos voy a lograr comer?, o pagar la colegiatura de mis hijos. ¿Cómo con solo pensar que puedo lograr algo o pagar algo lo voy a lograr?. Pues bien pensar que tienes dinero no va a generarte dinero, pensar que no tienes para comer no va a generarte comida, pensar que no puedes pagar el colegio de los niños no hará que lo pagues, pensar en las deudas no hará que desparezcan.

Pero tú puedes pensar en cómo conseguir dinero, como conseguir para comprar comida, como pagar el colegio de los niños, como pagar las deudas. Es decir enfocar tus pensamientos positivos en los cómo, en las formas, las maneras en que vas a lograrlo y no poner el foco en el problema mismo. Escucho muchos que me dicen que no tienen dinero, y están tan pendientes de la queja y de los no puedo que no deciden ver las opciones que les ofrece el universo.

O acaso no se han dado cuenta que cuando se nos rompe algo y empezamos a decir que más nos puede pasar, de seguro y apostando todo lo que tengo nos pasa algo más.

Acaso eso no es la prueba más real de que atraemos lo que pensamos.

Por supuesto que no podemos ser siempre personas positivas, por supuesto que no vamos a estar contentos y con alegría en todo momento. Está muy bien sentirse triste o sin ganas a veces, está bueno encontrarnos allí en ese pozo de nostalgia. Pero cuando estemos allí debemos aprovechar para relajar nuestra mente y serenar los pensamientos con el fin de conocernos más internamente y encontrar las respuestas que nos saquen del fondo del pozo.

Intenta descubrir cuál es tu propósito en esta vida, cual es la razón por la que estás aquí, cual es el motivo que te moviliza por las mañanas. Trata de enfocar tu mente solo en aquello que saque lo mejor de ti, descubre tu pasión. Agradece siempre lo que has logrado, verás que eso dará mayor sentido y razón a la vida que llevas a diario.

Piensa por un momento que no puedes controlar todo, que sencillamente hay cosas que no dependen de ti, que en oportunidades hay cosas que no están bajo tu control. Si algo no está en tu poder de control simplemente déjalo ir, suelta todo aquello que no te corresponde y que te quita la energía. Aplica para todo, parejas, amigos, trabajos, situaciones cotidianas. Todo lo que provenga del exterior no debe afectarnos ni controlar nuestro universo.

Trata de reconocer y aceptar que tienes errores, no te auto castigues, no somos perfectos, ni tú ni nadie. Deja de luchar buscando la perfección de todo, deja de ser tan estructurado, deja de planificar todo, entiende que a veces la imperfección tiene cosas maravillosas y que tú por intentar buscar lo perfecto te lo estás perdiendo. Disfruta más la vida, disfruta cada momento.

Lo que sí quiero es que trates de tener el control de tus pensamientos, de tu mente, de tus emociones. Ya vimos cómo puedes lograrlo, que acciones puedes llevar a cabo para conseguirlo. Ten más autocontrol, conócete más, práctica la empatía, vuélvete paciente ante las situaciones cotidianas, trabaja mucho sobre la resiliencia en ti, toca fondo y vuelve a subir. No te des vencido ni aún vencido, siempre tendrás una chance más, aprovecha cada momento.

Evita las comparaciones con los demás, tu vida es única. Si el otro ya tiene su casa propia, su auto, su nuevo trabajo, si el otro ya termino la universidad y tu aún no lo consigues no te compares, quizás no es tu tiempo aún. Todos los seres humanos tenemos tiempo y caminos diferentes, concéntrate en ti y nadie más, no te midas nunca contra los demás porque esto trae mayores pensamientos negativos hacia tu persona, y te creas mayores miedos y situaciones que no existen. La comparación sobre todo con estándares elevados hará que no te creas suficiente y eso es muy nocivo para contigo y tus metas.

Práctica el cambio y la mejora continua en tu mente y tus pensamientos. Está filosofía japonesa denominada kaisen intenta mejorar cualquier ámbito de tu vida, conoce como funciona e intenta aplicarla para mejorar todo aquello que te quita la energía. No le tengas miedo a los cambios, sal de tú zona de confort y comienza a disfrutar la vida.

Práctica la motivación constante, práctica el amor propio, acéptate cómo eres. Quiérete tal cual llegaste al mundo con defectos y virtudes, no eres más que nadie, ni menos tampoco. Simplemente eres una persona única e irrepetible, aprecia eso.

Intenta salir a disfrutar de la naturaleza, de los deportes, de lo que haga feliz a tu alma. Intenta encontrar la belleza en las pequeñas cosas, intenta regalarte momentos que llenen tu alma de gozo.

Siempre, pero siempre festeja tus logros, tus victorias por más insignificantes que creas que son, no dejes de celebrarlas y entiende que no son fruto de la suerte o la casualidad. Esto no solo que reforzará tu amor propio, sino que te motivará a continuar con otros objetivos.

Aléjate de entornos nocivos, de personas tóxicas, de lugar que te absorben la energía. Rodea tú entorno de personas que te sumen y te motiven a ser mejor cada día. Llena tu círculo de personas que eleven tu energía, aléjate de toda clase de pensamientos negativos y de la queja constante.

Deja ir tu pasado, lo que hayas hecho ya no lo vas a cambiar. Lo que paso y la manera en que fuiste criado quedo en el tiempo. Aprende a perdonar a otros, perdónate a ti por las cosas que has hecho. No quieras complacer a todos, enfócate en ti, en tus metas, tus proyectos. Deja ir, deja fluir, cambia el enfoque.

Atiende tus necesidades.

Empieza ahora, no dejes que los años te pasen por encima y no te permitan disfrutar de la vida.

Intenta ser feliz con lo que tienes, con lo que has logrado. Deja de sobrevivir y comienza a vivir la vida que sueñas a diario.

Deja de lado el miedo, la rutina y la vorágine de tu vida diaria y comienza a reír, cantar, viajar, agradecer, perdonar y hacer todo lo que te venga en gana que satisfaga tu alma y tu corazón.

Espero que mis consejos y mi experiencia hayan entrado en tu mente, espero haber movilizado tu mundo aunque sea unos centímetros y te haya sacado de tu eje.

Espero y deseo que logres dar con el problema que te aqueja, que lo hayas reconocido y comiences en trabajar para solucionarlo, para transformarlo a tu favor y en post de un mejor porvenir.

Si no puedes resolverlo de manera solitaria busca ayuda, hay profesionales para todo. Considero que no hay problemas que no tengan soluciones. Todo es creado por nosotros, todo está allí en nuestra mente. Tanto el problema como la solución, todo está ahí.

Recuerda esta frase de David Fischman, *"la mente es como el agua, cuando está calmada y en paz, puede reflejar la belleza en el mundo. Cuando está agitada puede tener el paraíso enfrente y no lo refleja"*

No tengo más que palabras de agradecimiento para contigo, no tengo más que agradecerte haberte quedado hasta el final, no tengo más que agradecimiento por haber decidido leer una a una las páginas de este libro. No tengo más que agradecimiento por que te sientas motivado a cambiar tu mundo y que hayas decidido hacerlo gracias a alguna de mis palabras.

Simplemente gracias, nos encontraremos en la próxima.

"La felicidad de tu vida depende de la calidad de tus pensamientos; por lo tanto actúa como corresponde, y ten cuidado de entretenerte en nociones inadecuadas para la virtud y la naturaleza razonable."

Marco Aurelio.

La felicidad no es ausencia de problemas, sino convivir con ellos de manera positiva, siendo agradecido de lo que somos y de todo lo que nos rodea. El fin de tus problemas está en tu mente, tu eres el único que podrá construir la vida que deseas...Disfruta cada día!!!

Notas

- https://www.religionenlibertad.com/blog/17062/frases-de-albert-einstein-sobre-la-espiritualidad.html. *Frases de Albert Einstein sobre la espiritualidad*, Wiederholen(2011).Fuente consultada el 30 de septiembre de 2023.

- https://okdiario.com/curiosidades/como-funciona-mente-787358. Fuente consultada el 01 de octubre de 2023.

- https://www.mundopsicologos.com/articulos/desintoxic a-tu-mente. Fuente consultada el 01 de octubre de 2023.

- https://es.wikipedia.org/wiki/Pensamiento . Fuente consultada el 27 de Julio de 2023

- https://www.youtube.com/watch?v=-H5A3iO_SCY&ab_channel=DWDocumental . Fuente consultada el 02 de Agosto de 2023

- https://www.youtube.com/watch?v=3qwnvAUD16A&ab _channel=MENTESLIBRES . Fuente consultada el 01 de octubre de 2023

- https://centta.es/articulos-propios/las-emociones-y-su-papel-en-nuestra-vida. Leonor Uriarte González Unidad de TCA Área Emocional. Fuente consultada el 15 de agosto de 2023

- https://habilidadsocial.com/como-desarrollar-la-inteligencia-emocional/. Fuente consultada el 01 de octubre de 2023.

- https://aprende.com/blog/bienestar/inteligencia-emocional/como-desarrollar-la-inteligencia-emocional/. Fuente consultada el 01 de octubre de 2023

- https://mentecapaz.com/la-inteligencia-emocional-las-4-claves/. Fuente consultada el 01 de octubre de 2023.

- Oscar Wilde, poeta y dramaturgo irlandés (1854-1900)

- Marco Aurelio, 2019. Meditaciones. Editorial Cúspide.

- Daniel Habif, 2021. Las trampas del Miedo. Editorial Hojas del Sur.

- Daniel Habif, 2019. Inquebrantables. Publicación Harpers Collins México.

- Ignacio Larrañaga, 2005. Las Fuerzas de la decadencia. Editorial San Pablo.

- Napoleón Hill, 1937. Piense y Hágase Rico. Ediciones Obelisco (2012)

- Robert Kiyosaki, 1997. Padre Rico, Padre Pobre. Ediciones Aguilar (2005).

- Gio Zararri, 2019. El fin de la Ansiedad. Auto publicación Amazon.

- https://www.google.com.ar/books/edition/El_fin_de_la _ansiedad/. Fuente consultada el 01 de octubre de 2023.

- Wayne Dier, 1976. Tus zonas erróneas. Editorial Debolsillo.

- https://tavapy.gov.py/biblioteca/wp-content/uploads/2022/05/DyerW-Tus-Zonas-Erroneas.pdf. Fuente consultada el 18 de Septiembre de 2023.

- Walter Riso, 2012 . Enamórate de ti. Editorial Planeta.

- Psic. Fabiola Cuevas,2015. Gracias Ansiedad. Auto publicación Psic. Fabiola Cuevas.

- Piqueras Rodríguez, José Antonio; Ramos Linares, Victoriano; Martínez González, Agustín Ernesto; Oblitas Guadalupe, Luis Armando. Emociones negativas y su impacto en la salud mental y física. Suma Psicológica, vol. 16, núm. 2, diciembre, 2009, pp. 85-112 Fundación Universitaria Konrad Lorenz Bogotá, Colombia.

- Daniel Goleman, 1995. La inteligencia Emocional. Editorial Vergara.

- https://maximopotencial.com/las-mejores-frases-de-dale-carnegie/. Fuente consultada el 01 de octubre de 2023. Dael Carnegie (1888-1955).

- https://greiki.com/2020/10/18/. Fuente Consultada el 01 de Octubre de 2023

- https://www.unicornruler.com/meta/2019/1/11/. Fuente consultada el 01 de octubre de 2023.

- https://orientacion-laboral.infojobs.net/frases-celebres-henry-ford. Fuente consultada el 01 de octubre de 2023.

- https://www.gob.mx/conampros/articulos/para-ser-mas-productivos-usemos-la-inteligencia-emocional?idiom=es. Fuente consultada el 01 de octubre de 2023.

- https://citas.in/frases/80919-jorge-bucay-no-somos-responsables-de-las-emociones-pero-si-de/. Fuente consultada el 01 de octubre de 2023.

- https://marianrojas.com/ramon-y-cajal-todo-ser-humano-si-se-lo-propone-puede-ser-escultor-de-su-propio-cerebro/. Fuente consultada el 01 de octubre de 2023.

- http://facundocabral.info/literatura-texto.php?Id=26. Fuente consultada el 01 de octubre de 2023.

- https://www.um.es/lafem/Actividades/2016-17/Psiquiatria/Galbis-Ansiedad.pdf. Fuente consultada el 01 de octubre de 2023.

- https://centrepsicologickaizen.com/category/ansiedad/. Fuente consultada el 01 de octubre de 2023.

- https://www.literato.es/p/MTk2MDA/. Fuente consultada el 01 de octubre de 2023.

- https://lamenteesmaravillosa.com/pluviofobia-sintomas-causas-y-tratamiento/. Fuente consultada el 01 de octubre de 2023.

- https://www.cuerpomente.com/frases/vivir-sin-ataduras-9-frases-a-favor-del-desapego_635. Fuente consultada el 01 de octubre de 2023.

- Robin Sharma, 1996. El monje que vendió su Ferrari. Editorial Harper Collins.

- https://es.dreamstime.com/. Fuente consultada el 09/11/2023

- https://www.freepik.es/. Fuente consultada el 09/11/2023

Made in United States
Orlando, FL
25 May 2024